丛书主编　汤重南

抗战十四年·中华儿女传奇

木炮打宾州·冰趟子战斗

袁碧辉　著

南京出版传媒集团
南京出版社

图书在版编目（CIP）数据

木炮打宾州·冰趟子战斗 / 袁碧辉著. -- 南京：
南京出版社，2018.8
（抗战十四年·中华儿女传奇）
ISBN 978-7-5533-2211-7

Ⅰ.①木… Ⅱ.①袁… Ⅲ.①抗日战争—史料—黑龙
江省 Ⅳ.①K265.06

中国版本图书馆CIP数据核字（2018）第069920号

丛 书 名： 抗战十四年·中华儿女传奇
总 策 划： 卢海鸣
书　　名： 木炮打宾州·冰趟子战斗
作　　者： 袁碧辉
出版发行： 南京出版传媒集团
南 京 出 版 社

社址：南京市太平门街53号　　邮编：210016
网址：http://www.njcbs.cn　电子信箱：njcbs1988@163.com
联系电话：025-83283893、83283864（营销）　025-83112257（编务）

出 版 人： 项晓宁
出 品 人： 卢海鸣
责任编辑： 张　晶
装帧设计： 王　俊
责任印制： 杨福彬

制　　版： 南京新华丰制版有限公司
印　　刷： 南京玉河印刷厂
开　　本： 787毫米×1092毫米　1/16
印　　张： 6.75
字　　数： 74千
版　　次： 2018年8月第1版
印　　次： 2021年7月第2次印刷
书　　号： ISBN 978-7-5533-2211-7
定　　价： 20.00元

用微信或京东
APP扫码购书

用淘宝APP
扫码购书

编 委 会

总　序

中华民族是一个有着5000多年文明史的伟大民族，为人类文明进步做出了不可磨灭的贡献。进入近代以后，由于列强的入侵和封建统治的腐败，中国落伍了，一步步沦为半殖民地半封建社会。特别是由于日本军国主义的野蛮入侵，中华民族濒临亡国灭种的境地。1931年9月18日，日本帝国主义悍然对驻守沈阳的中国军队发动进攻，制造了蓄谋已久的九一八事变。

“兄弟阋于墙，外御其侮。”面对日本军国主义的野蛮侵略，中华民族并没有在外敌面前屈服、倒下，而是更加同仇敌忾、奋勇杀敌。在整个抗战期间，在中国共产党领导的抗日民族统一战线指引下，中国各党派、各民族、各阶级、各阶层、各团体以及海外华侨华人义无反顾地投身到抗击日本侵略者的洪流之中，进行了艰苦卓绝的战争。特别由中国共产党领导的东北抗日联军、八路军、新四军更是在异常艰苦的条件下英勇抗击日本侵略者，取得了一个又一个骄人战绩。他们的英勇事迹在中华民族反抗外敌侵略的历史上谱写了光辉的一页，充分凸显中国共产党在整个抗日战争中的中流砥柱作用。最终中国人民取得了抗日战争的伟大胜利，宣告了世界反法西斯战争的完全胜利。中国人民抗日战争胜利是全体中华儿女的荣光。

2015年9月3日，习近平同志在《纪念中国人民抗日战争暨世界反法西斯战争胜利70周年大会上的讲话》中明确提出："中国人民经过长达14年艰苦卓绝的斗争，取得了中国人民抗日战争的伟大胜利，宣告了世界反法西斯战争的完全胜利。"在中央政治局第25次集体学习时，习近平同志进一步提出："要注重研究九一八事变后14年抗战的历史，14年要贯通下来统一研究。"2017年1月，教育部要求各级各类教材全面落实"十四年抗战"概念，把中小学地方课程教材中的"八年抗战"字样改为"十四年抗战"，并根据情况修改与此相关内容，确保树立并突出十四年抗战概念。这表明，长期以来认识不尽一致的抗日战争的起点问题，最终通过进入教材的形式加以解决。

"十四年抗战"概念的提出，体现了将九一八事变、东北抗战等局部抗战与1937年卢沟桥事变后的全面抗战作为一个整体来观照和研究，更能增强震撼力和感染力。另外，长期以来，中国抗日战争史就面临着被"西方中心论"者消解、忽视的境遇，作为第二次世界大战和世界反法西斯战争的东方主战场，中国战场的历史地位在欧美大中小学教材和研究著作中不被重视；而全面抗战爆发前的中国人民，特别是中国共产党领导的东北抗联的孤军奋战，更是鲜有人问津。"十四年抗战"进入中国国民教育系统，是扭转这一局面的重要举措，是在国际范围内建立自身历史话语权的现实需要。这也是对毛泽东主席所说的"伟大的中国抗战，不但是中国的事，东方的事，也是世界的事”“我们的敌人是世界性的敌人，中国的抗战是世界性的抗战”等论断的最好诠释。

此套丛书以通俗易懂的语言、引人入胜的故事、准确的历史史实，展现抗战期间在中国共产党领导下的东北抗日联军、八路军、新四军英勇抗敌的14个经典战役战斗事迹，再现波澜壮阔的敌后战场、机动灵活的战略战术和引以为傲的骄人战绩。向广大青少年表达中华儿女视死如归、宁死不屈的民族气节，不畏强暴、血战到底的英雄气概，百折不挠、坚忍不拔的必胜信念。同时，通过对中国共产党领导下的一个个经典战役、战斗的讲述，一方面，加强对青少年乃至全社会的历史传承，消除近年来“抗日神剧”等历史泛娱乐化所造成的认识混乱以及价值观扭曲，积极正本清源；另一方面，通过史实再次证明中国共产党在抗日战争中的中流砥柱作用，拆穿日本右翼势力矢口否认日本对中国发动的侵略战争、极力美化日本在中国所犯下的滔天罪行的惊天谎言。

“以史为鉴，可以知兴替。”当下，我们正走在实现中华民族伟大复兴中国梦的征途中，国家综合实力、人民生活水平都有显著提高。越是在这种时候，我们越是不能忘记为了实现民族独立、人民解放而抛头颅、洒热血的革命先烈和革命事迹。相信通过此套丛书的出版，必将具有深远的历史意义和极强的现实意义，也必将在国内外产生广泛反响。

汤重南

（中国社会科学院研究员、博士生导师，

中国日本史研究会名誉会长，中日历史共同研究委员会中方委员）

目　录

引 言

东北抗日联军是中国共产党领导的活跃于东北地区的一支重要抗日武装力量，它从无到有，由小到大，凝聚着中国共产党人的心血和信仰。

东北抗日联军第 3 军 (简称抗联 3 军) 是活跃于北满 (系指哈尔滨以北、松花江中下游的广大地区) 的中国共产党领导的主要抗日武装力量。它从最初由十三名同志创建的珠河反日游击队开始，到 1937 年迅猛地发展成一支拥有六千余人的抗日劲旅，成为北满大地反满抗日的燎原之火和中流砥柱。它的发展经历了珠河东北反日游击队、东北反日游击队哈东支队、东北人民革命军第 3 军、东北抗日联军第 3 军等几个时期，涌现出赵尚志、李兆麟、冯仲云等一批著名的抗日将领。抗联 3 军的活动范围遍及北满的山山水水，从小兴安岭以东的国境线，到小兴安岭以西的黑嫩平原，到处都留下了英雄们与日本侵略者战斗的足迹。

日本侵略者发动九一八事变后，面对山河破碎、国破家亡的残酷现实，中共满洲省委在中共中央的指示下，开始发展属于自己领导的抗日武装力量。赵尚志正是在这样的形势下，从城市的地下斗争工作走向了抗日的最前沿，与武装到牙齿的敌人展开真刀真枪的较量。

东北抗日联军第3军领导人赵尚志是东北抗日联军的主要创建人和领导者，是坚定的共产主义者、抗日民族英雄，为民族解放事业战斗到生命最后一刻。

他以不屈不挠的革命意志和机动灵活的游击战术让侵略者发出了“小小的满洲国，大大的赵尚志”的哀叹。在他短暂的生命中，经历过无数的挫折和失败带来的沮丧，但始终不变的是他心中的信仰和将日本侵略者赶出东北的坚定信念。当时，《救国时报》等国内外报刊对赵尚志的抗日活动进行了大量报道。赵尚志等东北抗日将领曾受到毛泽东同志的高度评价，称赞他们“都是共产党员，他们的坚决抗日艰苦奋斗的战绩，是人所共知的”。

赵尚志素以足智多谋、骁勇善战著称，他的威名令敌人闻风丧胆。黄埔军校的经历虽然短暂，却造就了他杰出的军事才能和指挥艺术。“木炮打宾州”“冰趟子大捷”“肖田地突围”等经典战斗是其以各种灵活战法消灭敌人的传奇战例。他杰出的军事才能令他的对手发出由衷的赞叹，称“此战必有名将指挥”。

赵尚志以其短暂而执着的奋斗历程在历史画卷中留下了精彩的一笔，不甘屈辱、立志杀敌和争取民族独立自由的坚定信念感染着一代代后人。

“以史为镜，可以知兴替。”我们选取两个具有代表性的战斗故事，在感受中国革命在艰难曲折中不断发展壮大的同时，铭记那些为争取民族独立做出牺牲的革命前辈，珍惜当下来之不易的幸福生活，以坚定的信念建设我们美好的家园。

一 | 北疆沃土宾州城

宾县南依大青山，北沿松花江，东连张广才岭，西接省会哈尔滨，是一个五山半水四分半田的浅山区。它像一只遨游的蝙蝠镶嵌在黑龙江省中部。境内两条哈同公路横贯东西，宾白、宾尚公路纵穿南北，城乡道路畅通无阻，四通八达。沿哈同公路东行六十四公里，便是宾县人民政府的所在地——宾州镇。

宾县人民政府（新址）

宾县历史悠久，夏周时期为肃慎故地，两汉为挹娄，南北朝属勿吉（隋唐时期勿吉改名靺鞨，宾县一带属靺鞨族安车骨部之一部），唐属河北道渤海都督府，辽属东京道女真完颜部。金属上京会宁府，元属辽阳行省开元路合兰府，明属奴儿干都司。清初不设治，全境成为围场禁山；后归宁古塔昂邦章京、镇守宁古塔等处将军、镇守吉林乌拉等处将军所属；1744 年至 1880 年，归吉林将军阿勒楚喀副都统所属。

宾州初名苇子沟，1880 年（清光绪六年）设宾州厅，1892 年（清光绪二十八年）升为宾州直隶厅，1909 年（清宣统元年）为宾州府，辖延寿、阿城两县。1913 年（中华民国二年）改为宾县至今。

境内最高峰大青山是张广才岭支脉，位于宾县、尚志、延寿三县交界处。山岭呈东北、西南走向，主峰海拔 952 米，主麓山峦三十三座，山谷沟壑十一条。因山势高大巍峨，峻岭蜿蜒，重重叠叠，纵横交错，翠绿浓郁，挺拔入云，故称大青山。当年东北抗日联军第 3 军曾以大青山为天然屏障，出没于茫茫林海，打击日伪军。

宾县现在以发展绿色农业和旅游业为重点发展方向，境内旅游资源丰富，二龙山风景区、长寿山国家森林公园、香炉山森林公园、英

二龙山风景区入口

杰风景区、大顶子山风景区等散布全境。

长寿山国家森林公园

二龙山风景区是国家4A级景区，距宾州镇西南六公里，山势起伏蜿蜒，两座山头卧于岸边，形似龙头，故名二龙山。一湖碧水，三面环山，珍珠岛伫立湖心，恰似“二龙戏珠”。玲珑山是二龙山风景区的群峰之一。“玲珑晚照”是宾县古八景之一，在《宾县志》中记载的一诗中写道：“间依楼头望翠微，落霞高于鸟争飞。不知夕照增颜色，疑是昆冈玉放辉。”当年，玲珑山是宾县党组织早期的重要活动地点。

宾县全境土质肥沃，物产丰美，是全国粮食生产大县、全国休闲农业和乡村旅游示范县。新中国成立前，当地曾流传这样的民谣“宾州宾州，十年九收，一年不收，也能喝粥”，可见这里百姓的生活相对比较富足。

二龙山风景全貌

二 | 宾县党组织的地下斗争

地下党组织的曲折发展

早在九一八事变前，宾县境内就有中国共产党党员开展活动，许亨植（原名许克，别名李熙山、李三龙）于1930年在枷板站（宾县宾安镇）加入中国共产党。1931年7月，吕大千（吕树俊）从北平民国大学毕业回到宾县中学教书，与党员张树生、孙宝太成立宾县中学工委党支部，受中共哈尔滨市委领导。九一八事变后，工委支部一边发展党员，一边组织学生宣传队，进行反日救国宣传活动。1932年1月，中共宾县特别支部委员会（简称宾县特支）成立。特支由金策、金水星（王德）、许亨植、李启东、李根植5人组成，金

金策

许亨植

策为书记。特支设在玲珑山（现二龙山水库南端）下罗家屯许亨植家。

1932年9月，许亨植介绍季铁中（原名季兴汉）加入中国共产主义青年团。10月，季铁中转为中共党员。11月，组建共青团宾县特支委员会，季铁中任团特支书记。

1933年中共宾县特支由罗家屯迁到宾县县城宾州镇。经季铁中联系，吕大千与特支书记金策、组织委员许亨植接通关系。3月，中学工委支部改为中学支部，受宾县特支领导。

1933年3月，金策、金水星、李启东、李根植陆续调离宾县，特支进行改组。由许亨植任特支书记，吕大千任宣传委员，王希贤任组织委员，季铁中任青年委员兼团特支书记。

1934年许亨植和季铁中先后调离宾县特支，由孙宝太任特支书记，吕大千任副书记，孙太义任宣传委员，王希贤任组织委员。特支接头地点在季家床子、王家花铺。1935年3月，在上级党组织的协助下，成立中共宾县特支地下联络站——新宾书局。特支联络人是刘致新（化名），联络站负责人是韩谋智。

特支机关由玲珑山罗家屯迁入宾州城后，设有中学支部、宾七区支部、宾东支部。1934年宾东支部改为小组，增设城关支部，还有宾北单独关系一人。

宾县党组织的活动持续到1937年5月。当年4月15日，日伪特务机关以哈尔滨为中心制造了“四一五”事件,对共产党员进行大搜捕。中共哈尔滨特委领导人被捕后叛变，供出特委所属党组织的各地负责人。宾县特支书记孙宝太于5月上旬被捕，牵连特支副书记吕大千及党员赵三声、韩谋智，团员李有等四人于5月13日同时被捕。吕大千、孙宝太被敌人杀害于哈尔滨太平桥圈河，宾县特支地下联络站——新宾书局遭到破坏，特支停止活动。

用生命迎接“来年春”的吕大千

吕大千

吕大千是一名坚定的共产主义者，是中共地下斗争战线中的杰出人物。

吕大千，名树俊，字大千，1909 年生于宾县。1924 年他考入宾县中学，经常利用课余时间阅读进步书刊，接受进步思想，关心国家政治大事。五卅惨案发生后，宾县中学的爱国师生积极响应和声援上海工人的反帝斗争，吕大千成为学校反帝爱国运动的组织者之一。他发挥自己善于绘画、书法的特长，挥笔书写反帝标语，画反帝漫画，在同学中很有威信。1927 年，吕大千考入哈尔滨第二中学读高中，仍积极参加反帝爱国斗争。1928 年 11 月，因参加反对日本帝国主义在东北强修五条铁路的哈尔滨学生示威大游行，遭到反动当局的镇压并被开除学籍，他被迫回到宾县当小学教员。由于他博学多才，思想激进，在学校和社会上有很高威望，成为县城里的文化名人。

1929 年，为了进一步提高文化水平和寻求救国真理，吕大千在亲友们的资助下考入北平民国大学读书，在那里他参加了中国共产党领导的革命群众组织——反帝大同盟。1930 年底毕业后，他怀着强烈的救国救民理想又回到家乡宾县，在宾县中学任语文教员。他积极利用各种条件开展革命工作，并渴望找到党的组织。他在课堂上向学生宣传革命思想，揭露和抨击反动当局的黑暗统治。他组织季铁中、赵俊臣等十几名进步学生成立了读书会，通过阅读和研讨进步书刊，传播反帝救国思想，培养革命力量。后来有些人成为宾县抗日斗争的重要骨干和党、团员。

1931 年九一八事变后，吕大千和图画、音乐教员李梦久一起，组织学生成立了抗日宣传队到哈尔滨去进行街头讲演，散发传单。不久哈尔滨和宾县相继被日军占领，吕大千义愤填膺，加紧鼓动学生进行抗日救国斗争。他亲自起草、书写、刻印抗日标语、传单，组织学生到街上张贴、散发，还动员一些学生回农村进行抗日宣传。他同李梦久一起组织学生开展进步的歌咏、绘画活动，以此团结教育青年。他们向师生教唱岳飞写的《满江红》，激发了大家的爱国热情。为了进行武装抗日斗争，吕大千学会了一些武术，经常在上体育课或早练晚练时，在操场上教大家练摔跤和二十六路长拳。

吕大千用过的名章和铅笔

1933 年 2 月，经季铁中介绍，吕大千见到了许亨植，与中共宾县特支正式建立起组织关系。宾县特支改组后，吕大千担任中共宾县特支宣传委员并兼任宾县中学地下党支部书记。他曾通过关系从伪警察队里买了许多子弹，又购买一批药品送给珠河反日游击队。他还组织学生做瓦解伪军的工作，把抗日传单散发到一个伪军骑兵连里，士兵们看了传单很感动，以后遇见抗日游击队经常放空枪。有的士兵故意被游击队俘虏，给游击队送枪和弹药。

1936 年 8 月，吕大千被中共珠河中心县委任命为中共宾县特支副书记。日本侵略者不断强化法西斯统治，对抗日根据地和地下党组织加紧搜查和破坏。1937 年 4 月 15 日，日伪警特在哈尔滨、滨绥、滨北各铁路沿线及各城市进行疯狂的大搜捕，制造了血腥的“四一五”惨案。5 月 13 日下午，几个日伪特务闯进宾县中学，踹开教师办公室的门，用手枪逼住正准备上课的吕大千。当他们拿出绳子要捆绑时，吕大千厉声说:“用不着这个，走！”然后轻蔑地一笑，拿起一本《三国演义》，泰然自若地走出办公室，如同往常给学生上课一样。

吕大千被带到伪宾县警务科特务股审讯，敌人要他说出党的组织，吕大千装作不明白，说敌人是“欲加之罪，何患无辞”。日特警长叫翻译带变节的人来对证。这时吕大千突然发现墙角处戳着一把日本军刀，他的心猛地一跳：何必坐着等死，不如先杀了这个家伙，也算报了仇！他想到这，趁日警长脸向外看时，便一步跳过，抓住刀鞘，“唰”地抽出了刀，迅猛地向那家伙脑袋劈去。日警长顿时吓得脸无血色，一边躲闪，一边“嗷嗷”怪叫。几个特务闻声冲进来，吕大千见杀敌不成，便决心以死报国，愤然收刀，用力往项下一抹，当即鲜血流淌，昏倒在地。敌人为了从吕大千口中得到重要情报，找来医生抢救，苏醒后，把他和捕到的人连夜用大卡车押送去哈尔滨伪滨江省警务厅，关押在道里监狱第四监。为了鼓舞难友们的斗志，他作诗育人，把夺刀杀敌的事吟诗一首，抒发豪情："利用寇刀杀寇仇，一腔义愤不日休。纵然没有脱身计，那肯涕零学楚囚。"在狱中他受尽许多酷刑折磨，但始终坚贞不屈。他不仅自己和敌人进行坚决的斗争，还不断对难友们进行教育，多次赠诗传诵，鼓励大家坚持斗争，对胜利充满信心。这些诗作有："马列题开共产大，崭新主义有来由。劝若莫发呻吟语，不到十年遍地球。""时代转红轮，朝阳日日新。今年春草除，犹有来年春。"

1937年7月21日，年仅28岁的吕大千在哈尔滨太平桥圈河刑场英勇就义。

三 | 游击队创建“红地盘”

铁骨忠魂赵尚志

赵尚志

赵尚志是东北抗日联军著名的将领，抗日民族英雄。1908 年生于辽宁省朝阳县，后随家迁居哈尔滨。

五卅惨案后，他积极参加声援上海的反帝爱国斗争。1925 年夏，加入中国共产党。他在许公中学组织学生自治会，进行革命活动。同年冬进入广州黄埔军校学习。

短暂的军校生活使他与党领导的武装斗争紧密联系在一起。1932 年初赵尚志回到哈尔滨，担任中共满洲省委军委书记。在此期间他参加了在哈尔滨市郊成高子车站颠覆日军军用列车的行动。

1932 年 6 月，党派赵尚志到巴彦游击队协助张甲洲工作，将队伍改编为中国工农红军第 36 军江北独立师，赵尚志任政治部主任。

1933 年 1 月，巴彦游击队失败。赵尚志只身来到宾县抗日义勇军孙朝阳部，当了一名马夫。在战局不利时他主动献计，使部队转危为安，被任命为参谋长。

1933 年 10 月，在珠河县三股流创建了党领导下的抗日武装——珠河反日游击队，赵尚志任队长，在珠河、宾县一代联合义勇军英勇作战。

1934 年 6 月，珠河反日游击队扩编为东北反日游击队哈东支队，赵尚志任司令。中国共产党领导的抗日武装力量不断壮大，先后创建了珠河、汤原游击根据地。

1935 年后，赵尚志历任东北人民革命军第 3 军军长、东北抗日联军第 3 军军长、北满抗联总司令等职。赵尚志指挥东北抗日联军第 3 军纵横驰骋在松花江两岸、小兴安岭山麓，运用灵活的战略、战术，与武装到牙齿的敌人浴血奋战，为争取民族独立和自由进行坚决的抵抗斗争。

1937 年 3 月，赵尚志在西征途中，在通北冰趟子一带，指挥部队利用地形优势巧妙地伏击敌人，以少胜多，歼灭日伪军三百余人。

1941 年 10 月，赵尚志带领一支五人小分队从苏联回到东北，在萝北、鹤立、汤原一带开展游击活动。

1942 年 2 月 12 日，在袭击鹤立县梧桐河伪警察分所时，赵尚志被混入队内的特务李德山击伤腹部，他忍痛回枪将特务击毙，后在昏迷中被俘。敌人对他进行突击审讯，在生命的最后时刻，他对伪警察说："你们不也是中国人吗！现在你们出卖了祖国……还有什么可问的呢。"说完狠狠地瞪着敌人，闭口不语。八小时后壮烈牺牲。时年三十四岁。

打入“朝阳队”

1933年6月，从宾县特支转到中共珠河中心县委任委员的李启东、李根植等人受组织派遣打入“朝阳队”开展秘密工作，以组建党独立领导的反日武装。也许是机缘巧合，他们在这里遇到了赵尚志。

此时的赵尚志因巴彦游击队解散被满洲省委开除了党籍，但是这也丝毫没动摇他抗日的决心。1933年3月，赵尚志来到宾县，找到在这一带活动的抗日义勇军——孙朝阳领导的“仁义军”。赵尚志与李启东等人取得联系后，积极开展工作。赵尚志工作重点侧重对内上层，李启东做下层工作。

孙朝阳原名孙兴周，热河朝阳人，曾任马占山部龙江骑兵第2旅营长。1932年秋，孙兴周在宾县率部反日，队伍报号“朝阳”，他本人也被称为“孙朝阳”。

赵尚志打入朝阳队后，开始在该队当马夫。他利用空闲时间和士兵们凑到一起谈古论今。士兵们都觉得他挺有文化。不久，孙朝阳部队遭到日伪军的三面包围，包围圈在一天天缩小，众人一时都束手无策。危急时刻，赵尚志提议主动出击攻打宾县县城——宾州镇，这样才能变被动为主动，寻机跳出包围圈。孙朝阳听到后觉得很有道理，便把这位不知姓名的小马夫请来参加军事会议。赵尚志全面分析了敌我双方的形势，提出攻打宾州镇的作战方案，并毛遂自荐带队出击。孙朝阳被赵尚志客观的分析和必胜的信心所打动，决定把攻打宾州镇的指挥权交给他。部队按赵尚志的作战计划进行了编配，由他带领一支精干队伍攻打县城。经过激战，赵尚志率部从西门破城而入，攻占县城。

日伪军得知宾县失守的消息大为恐慌，急忙调兵增援。当围困孙朝阳部队的敌人赶来增援宾县后，赵尚志已顺利撤出。孙朝阳也带大队人马突出敌围，转危为安。攻克宾县县城一战，使孙朝阳对赵尚志的军事指挥才能非常佩服，委任赵尚志为参谋长。

1933 年 8 月，孙朝阳在赵尚志的协助下，联合数支反日义勇军、山林队攻占了宾县县城。义勇军占据了伪县公署，烧毁了伪公安局、税捐局，枪毙了伪公安局长，逮捕了十余名日本兵和汉奸走狗，缴获了许多武器和军需品。此战在周边地区产生很大影响，一时，各义勇军、山林队纷纷来投奔“朝阳队”。孙朝阳部队扩大到七百四十余人，成为哈东地区一支重要的反日力量。

19世纪30年代的宾州镇

日伪统治者为了扑灭哈东地区的抗日烈火，加强了对珠河反日军民的镇压。敌人采取“剿”“抚”结合的政策，一方面向义勇军大举进攻，一方面派出奸细走狗到义勇军中进行劝降。一些抗日立场不坚决的义勇军和山林队先后投降了敌人。孙朝阳也发生了动摇，并对赵尚志等人的身份产生了怀疑，与其堂兄“容易”及“宝胜”密谋要枪杀赵尚志、李启东等人。他们的议论被一名叫王德全的战士听到。王德全是反日会员，曾参加过巴彦游击队，认识赵尚志。他感到事态严重，便马上把这一情况报告给赵尚志和李启东。

在这种紧急情况下，赵尚志和李启东认为对孙朝阳已无继续争取的可能，打算经过几天筹备，组织武装哗变，把领导权夺到自己手中，避免队伍彻底溃散。但是王德全认为形势紧迫，应该马上离队，不能等待。当晚，王德全趁孙朝阳熟睡之机，到孙的屋内将一挺轻机枪背了出来，同时通知了赵尚志。赵尚志见事已至此，便当机立断，决定立即通知李启东、李根植等同志脱离“朝阳队”去找中共珠河中心县委。于是，赵尚志、李启东、王德全、李根植、姜熙善、朴德山、申队员七名同志于1933年10月4日夜携带五支马步枪、五支德国造手枪和一挺捷克式轻机枪脱离了孙朝阳的部队，前往中共珠河中心县委所在地——六道河子。

珠河反日游击队

珠河与阿城、双城、宾县、延寿、方正、苇河、五常等县毗邻，中东铁路滨绥线沿东西向横穿而过，将全县分成南北两部分，俗称“道南”“道北”。县内山峦绵亘、林木丛生、土地肥沃、物产丰富。蚂蜒河、亮珠河、大泥河蜿蜒曲折流过珠河县境。

珠河地区有着较好的反日基础。九一八事变之前，县内就有中共党组织的活动。起初，大多数党员为朝鲜族同志。1930 年 10 月建立中共珠河县委，1932 年 9 月改组为中共珠河中心县委。为创建党直接领导的抗日武装，中共珠河中心县委进行了多次尝试，先后派干部到红枪会、伪军中开展工作。派李启东等人打入“朝阳队”就是其中最成功的一次。在反日斗争中，珠河县党团组织及群众反日团体不断发展。到 1933 年秋，全县已有七个支部，一个特支，九十四名中共党员，六十三名共青团员，反日会员达一百二十八人。同时，在珠河县、区还聚集着一大批优秀的党团干部，如县委书记关化新，县委组织部长李福林，县委秘书长金策，县委秘书侯启刚，县委委员、兵委负责人李启东，县委妇女部长李秋岳，黑龙宫特别支部负责人许亨植，团县委书记马宏力，团县委组织部长朱新阳，团县委巡视员蔡近奎等。这些干部后来都成为东北抗日联军的重要力量，为东北地区的抗日斗争做出了巨大贡献。

赵尚志、李启东等人于 10 月 5 日迎着秋日的朝阳到达了珠河县六道河子徐百家长家。在这里与珠河中心县委联络员取得联系。两天后，他们见到了县委的主要领导。县委决定在赵尚志等七人的基础上，增派李福林、朱新阳等六名同志，筹建珠河反日游击队。

这时，正在珠河巡视工作的省委军委负责人张寿篯得知这个情况后，便亲切与他们相见，同时向他们传达了 1933 年 1 月 26 日《中共中央给满洲各级党部及全体党员的信》（简称《一·二六指示信》）和省委扩大会议关于接受《一·二六指示信》决议的精神。

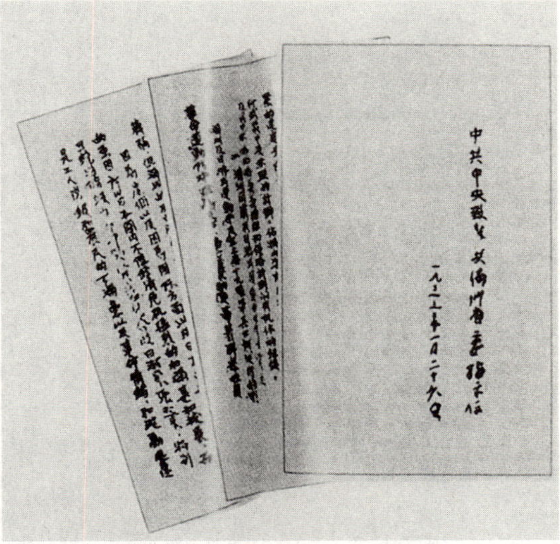

一·二六指示信

1933年10月10日，在珠河县三股流，珠河反日游击队正式成立。全队十三人,十三支枪（从“朝阳队”带回十一支，中共珠河中心县委赠送两支手枪）。大家推举赵尚志为队长，王德全为副队长，李福林为政治指导员，李启东为经济部长。他们决心“誓死武装东北三千万同胞，驱逐日寇海陆空军滚出满洲，为中华民族的独立、解放奋斗到底”。在成立大会上，他们还给杨靖宇领导的南满游击队发了贺电。珠河游击队的成立为开辟北满的抗日游击根据地奠定了坚实的基础，随着力量的逐步壮大，发展为后来的东北抗日联军第3军，成为中国共产党领导的反日武装的基本力量。

珠河反日游击队成立后，为了使部队站稳脚跟，不断发展壮大，打开斗争局面，使部队获得赖以生存的群众基础和进行修整、训练的后方基地，赵尚志决定建立抗日根据地。

根据县委决定，赵尚志率领反日游击队首先以三股流、石头河子为基点，开始展开深入发动群众，建立根据地，反对日伪统治的抗日武装斗争。

三股流

珠河游击队不断加强纪律建设，执行《反日游击队纪律暂行条例草案》，为各反日义勇军做出遵纪爱民的榜样。《反日游击队纪律暂行条例草案》规定：

（一）犯下列条件之一者，枪决之：

（1）违抗军令者；

（2）勾结敌人者；

（3）以破坏部队为目的而进行反革命活动者；

（4）鼓动叛变或拖枪逃跑者；

（5）任意烧杀民众者；

（二）犯下列条件之一者，开除或罚加岗：

（1）屡犯错误，屡经教育仍犯比较严重错误者，开除之；

（2）企图附和叛变或企图附和拖枪逃跑者，开除之；

（3）抢夺民众财物，经教育不改者，开除之；

（4）失落枪支零件、子弹，经教育而重犯着，依其情节重轻或开除，或处罚；

（5）初次遗失枪支零件或子弹者，依其情节重轻或记过，或罚站岗数小时；

（6）行军喧哗或夜间行军吸烟卷者，依其情节重轻或记过，或罚站岗；

（7）战斗员互相打架、动武、口角，依其情节重轻，或开除，或处罚站岗，或记过；

（三）有下列条件之一者，应得奖赏：

（1）完成他人所不能完成之重大任务者；

（2）工作成绩特别优良者；

（3）工作特别积极勇敢者；

奖赏分升级、物奖及记功三种。

游击队制定的这个纪律条例，对加强部队建设起到了十分重要的作用。直至游击队因逐渐发展、壮大而改编为东北人民革命军第3军，仍在执行这个条例。

当时在三股流和石头河子一带有许多三五成群的被群众称为“孤丁”“小线”的土匪。他们夜起昼散，打家劫舍，不反日反而骚扰百姓。

根据群众要求，赵尚志率游击队在柳树河子、土豆甸子、双马架等地抓住并处决了十余个土匪，群众无不拍手称快。

紧接着，赵尚志又以反动的伪警察署（所）和汉奸地主大排队为目标进行了一系列斗争。

1933 年 10 月至 12 月间，珠河反日游击队先后缴了三股流西五甲、苇塘沟、二道河子、东五甲、板子房、张家湾等地伪警察署（所）和反动地主大排队的枪械，惩治了数名汉奸走狗。

1933 年 12 月上旬，驻守乌吉密的日伪军四十余人前来围剿新组建不久的珠河游击队。赵尚志指挥游击队员与日伪军在罗家店西沟展开激烈战斗。

这些斗争为开辟以三股流为中心的反日游击区，建立根据地扫清了障碍。同时，其影响也波及周围义勇军和山林队。孙朝阳部队的刘海涛率十余人慕名前来投奔珠河反日游击队。

1933 年末，珠河反日游击队遇到了越冬物资不足、枪支弹药匮乏的困难。数九严冬，寒气逼人，凛冽的西北风吹到脸上如刀割一般。此时仍有部分游击队员尚未穿上棉衣，经过几次战斗，消耗的弹药也没有补充，部队一时难以有较大动作。队长赵尚志对大家说：“一是坚决抗日，冻死拉倒；二是解散回家，到此结束；三是学土匪‘站大线’，往路上一站，遇到马车过来就截住，把车老板的乌拉、皮袄扒下来，我们自己穿上。但是,这些‘招儿’我们都不能干。我们要自己想办法，克服眼前的困难。”

此时，队伍的活动地点位于珠河铁道北和宾县毗连地带。恰好有群众反映说，宾县七区的豪绅地主团董刘林祥率自卫队十几个人要来秋皮囤、四和尚庙收缴地租。赵尚志一听，便说:“有办法解决困难了。”他决定主动进攻收缴刘林祥的武装，动员他缴纳反日特别捐，以解决游击队面临的困难。这个办法得到了队员们的赞同。

在四和尚庙，刘林祥一行遇到了游击队，被包围、缴械。赵尚志对他进行了耐心的抗日救国教育，讲反满抗日人人有责的道理。

赵尚志严肃地说：“游击队急需武器弹药，决定向刘团董征收反日特别捐。限半个月内让家里拿来两挺机枪、二十支步枪、五棵匣枪、三千发子弹、五十双乌拉、两千元钱。”

刘林祥见所率人马已被缴械，为了保全身家性命只好一一答应游击队提出的要求。他马上给家人写了一封信。随后，游击队把刘林祥所率自卫团员全部释放，押着刘林祥回到了铁道南。刘林祥的儿子将枪支弹药、钱款物资如数送到指定地点后，游击队召开群众大会，让刘林祥写出“保证不当汉奸，不欺压百姓”的保证书后，将其释放。

收缴刘林祥武装并令其缴纳反日特别捐的行动，不仅打击了反动武装势力，同时也为部队找到了解决军需补给的办法，也赢得了游击区内百姓的大力支持。

在游击队创建初期，由于不断取得对敌斗争的胜利，加之执行严明的军纪，受到了广大群众的拥护和欢迎。赵尚志曾说：“在东北谁能打日本，老百姓就信任谁、支持谁。”他十分注意游击队的纪律和部队与群众的关系。他给部队制定的纪律是：听从指挥；不许打骂群众；不许向群众要态度；不许随便拿群众的东西；不许抽大烟；不许讲土匪黑话等。游击队每到一地，就向老百姓宣传抗日救国的道理。此外，他们还积极主动地帮助老乡挑水、劈柴、干农活。他们严格的军纪，坚定勇敢的抗日行动，赢得了老百姓的信任和拥戴，他们把游击队当成是自己的队伍。每当出战回来，群众都争先把队员请到家里吃住。妇女则给游击队员洗衣服和缝补衣服，青年农民自愿给游击队站岗放哨。

在广大人民群众的大力支持下，珠河游击队的政治影响力迅速在当地扩大起来。他们在三股流不仅站稳了脚跟，而且得到了发展。到1933年末，游击队已发展到六十多人。同时，在珠河中心县委的领导下，他们又发展了七八十名反日会员，建立起一支农民自卫队。以三股流为中心的抗日游击区和根据地建立起来了。

1934年4月1日，中共满洲省委做出《关于红五月工作决议》。决议要求人民革命军和赤色游击队要站在主要的地位去号召、组织并领导更多的反日义勇军，共同作战，扩大反日统一战线，扩大游击区域，胜利地粉碎敌人第二期“讨伐”。为贯彻省委决议，珠河游击队积极开展游击活动，主动团结并联合反日义勇军和山林队，共同开展对敌斗争，以优异的战果来迎接和纪念红色的五月。

4月的一天，珠河反日游击队全体队员身穿伪满军队服装，连续收缴了老虎窝、新开道、古扎子三处伪警察署分驻所，共缴获四十余支步枪。4月下旬，又攻占地势险要的秋皮囤，收缴了反动大排武装，民团炮头黄英（即黄炮，后叛变）哗变参加抗日队伍。在这里，赵尚志以反日联合军总司令名义召集了义勇军首领代表会议。会议决定珠河游击队与“北来”“白龙”“吕绍财”等义勇军、山林队联合作战，一起攻打黑龙宫。

黑龙宫原属延寿，是日伪当局设在道北地区的一个据点。为了进一步扩展反日游击区，突破道南地区狭小范围，开辟铁道北的广大区域，就必须铲除驻守在黑龙宫的伪警察和反动大排武装。4 月末，珠河反日游击队与其他反日联合军部队共四百余人，开始进攻黑龙宫。游击队的李根植、朴德山等四名战士冒着敌人的枪林弹雨率先冲入敌阵。六十余名伪警察、大排队员在反日联合军的猛烈进攻下狼狈逃窜。进攻部队顺利占领了黑龙宫伪警察署和全街。次日，延寿伪警察大队队长常万祥（外号“常罗锅”）带两百五十名伪警察向黑龙宫反扑过来。反日联合军与延寿伪警察大队在黑龙宫北沟激战三个小时，伪警察大队丢下十余具尸体仓皇溃逃。黑龙宫大排队队长赵维甲见大势已去，率余部投降。

黑龙宫战斗影响很大。战斗结束后，珠河游击队返回道南，用收缴的布匹，做了许多军服。当时游击队队员服装甚为整齐，并引起各义勇军的羡慕，游击队队员也感到非常兴奋。五一节时，珠河游击队在道南根据地召开了军民联欢大会，庆祝黑龙宫战斗取得的胜利。各义勇军也前来助兴，有全队参加的，也有派代表参加的。

哈东根据地

中共中央于 1934 年 2 月 22 日，在给满洲省委的指示信中，明确提出建立革命根据地问题，同意把包括珠河游击区在内的磐石、间岛、绥宁、汤原五个游击区作为满洲党的工作重心。特别强调“在可能条件下，争取革命政权和根据地的建立”。

根据党中央的指示和中央苏区建立革命根据地的经验，中共满洲省委及时向珠河等五个反日活动区域的党组织和游击队提出建立临时革命政权和创建抗日根据地的要求。

哈东根据地的创建就是珠河游击队落实中央和满洲省委指示精神的积极成果。

珠河反日游击队经过主动的军事行动，很快就建立起以珠河三股流为中心的道南根据地和乌吉密、四方顶子、苇塘沟、石头河子、二排、柳树河子、娄家窝棚、六道河子等游击区。赵尚志从巴彦游击队的失利中吸取了教训，深感建立根据地的重要性。为了使部队能够得到修养和调整，获得人民群众的支援，取得粮食和服装等物资，伤病人员能得到及时治疗和安置，并使兵员得到源源不断的补充，就必须建立根据地。他主张应对敌人不失时机地展开进攻，积极开拓、扩展游击队活动的区域，进而在游击区内建立较巩固的根据地。

在珠河反日游击队的打击下，宾县一带敌人的统治受到严重削弱，敌人所维持的区域仅是四区（哈尔滨市近郊）、五区（沿江）而已，其余广大区域均已成为珠河反日游击队的游击区。

从 1934 年春开始，游击区突破道南的狭小范围，发展到道北黑龙宫一带，并建立起以侯林乡为中心的道北根据地。到同年秋季，游击活动区域扩大到滨绥铁路的两侧，北迄宾县，南至五常，东起方正，西到双城的大片区域。游击区的中心为珠河，珠河境内山林密布，附近各县属北满农业地区。连绵起伏的山林为游击队提供了建立军事根据地的良好条件，农业地区给游击队的活动提供了可靠的物质和社会基础。

哈东游击区遍及五常、宾县、珠河、双城、阿城、苇河、延寿、方正等数县，东西两百多里，南北三百五十里。游击区内的主要根据地为珠河四、五区（核心地带为珠河三股流、半截河、棒槌沟、秋皮囤等处，中心县委、县政府、农委会均驻扎在这里），延寿二区及三区一部分，宾县二、三、七、八区，五常五区及四区一部分，双城九区一部分。

在开辟游击区、建立根据地的过程中，赵尚志经常告诉游击队员要使部队成为群众斗争的宣传发动者、组织领导者，要大力协助地方工作同志建立反日会、妇女会、农委会，把群众组织起来，发动起来。通过这些组织向群众开展宣传，进行动员，让广大农民都明白抗日到底是怎么回事；使每个人都懂得日本帝国主义抱有什么野心，东北人民的命运是怎么样的；要知道反日、不当亡国奴是每一个中国人的责任，进而让群众自己起来参加斗争，开辟、建设抗日根据地。

在珠河中心县委的领导下，哈东根据地普遍建立了反日救国会（简称反日会）。这一群众组织建立后得到迅速发展，很快就遍布整个游击区、根据地。开始时，每家只一人报名参加，后经省委指示，打破了一家一人的限制。据1934年9月珠河中心县委统计，仅珠河反日会就有会员约一万人，其中道南反日会员约五千人，道北四千余人。此外，在乌吉密等火车站的铁路工人中也有大量反日救国会会员。

农民委员会是在根据地内普遍建立的另一群众组织。1934年7月，珠河各地派出代表齐聚三股流，召开了珠河县农民委员会总会成立大会。吴景才被选为农民委员会总会会长。农委会下辖许多分会。据统计，在道南就建有二十三个农委会分会。珠河县农委会总会下设七个职能部门：总务、武装、生产、拥军、经济、肃反、妇女等部。其任务是联合根据地内其他群众组织、群众武装，开展锄奸、除匪斗争，打击

吴景才

敌人的破坏行为，巩固根据地建设，为部队筹办给养，解决根据地内地方上发生的一切问题。农委会具有很大权力，其作用随着游击战争、反日群众运动的逐渐深入开展显得愈加重要。它代行政府职能，是根据地实际政权机关，是民众政权的基础。

1935 年 5 月成立的珠河县人民革命政府就是在珠河农委会总会基础上建立起来的。吴景才任主席，群众称之为“吴县长”。抗联老战士于保合回忆：“人民革命政府是 1935 年春天召集的珠河人民代表会议上宣布成立的，县长是有名的吴景才，在县委领导下进行工作，下面的区政府在区委领导下工作。政府威信很高，说什么老百姓都信服。政府的作用很大：供给粮食、情报和武装，给军队以整顿训练的地盘；反过来，部队又保护了人民群众的生命财产和生产的进行。”

李秋岳

妇女会在系统上属于反日救国会。出于工作方便，将妇女单独组织起来。抗日女英雄李秋岳、赵一曼在组织成立妇女会，领导妇女进行抗日斗争方面发挥了重要作用。珠河的妇女会员有四百五十人，其中很多是游击队员家属。妇女会的活动十分活跃，她们帮助游击队打水、做饭，为游击队员缝补、洗涮衣服，制作子弹袋。她们还担负着护理伤员、宣传、传递信件等重要任务。当时许多妇女会员要求参加游击队（珠河反日游击队于1934年6月改编为东北反日游击队哈东支队），并组织了一个妇女宣传队，要随游击队一起行动。部队考虑到战斗频繁及妇女同志的身体状况，不宜直接参加作战部队，没有同意她们参加游击队。

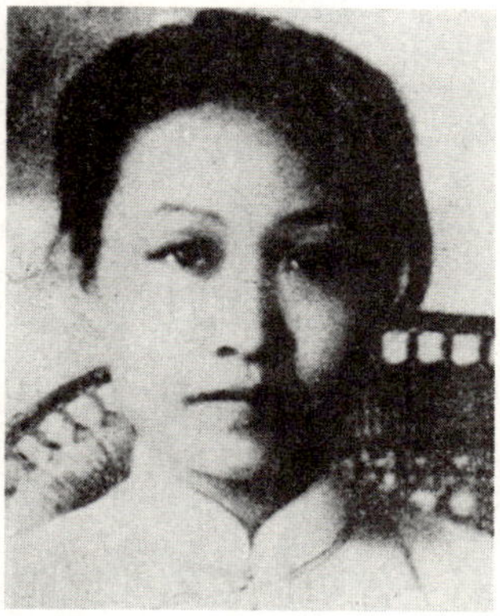

赵一曼

儿童团是青年领导下的儿童反日组织，它组织广大儿童站岗、放哨，承担盘查过路行人、为部队递送消息的任务。著名的抗联小英雄何畏（出生在宾县，后随家迁到方正）在参加抗联第4军前就曾在方正大罗勒密当儿童团团长，带领儿童团为部队站岗、放哨、送信。

在根据地的开辟建设过程中，在珠河中心县委的领导下，根据地群众广泛建立起农民反日自卫队、青年义勇军、模范队等群众武装。

农民反日自卫队是不脱产的群众武装组织。它打破民族、信仰和贫富的差别，只要身体健康，有反日意愿和决心者都可以加入。农民反日自卫队的组织法是五家一个分队，三十家一个中队，一个地方一个大队。自卫队农忙务农，农闲练兵，平时为民，战时为军。其武器有扎枪（红缨枪）、洋炮等。1934年秋，道南农民自卫队已有一千余人。道北农民自卫队队员数量也很多。五区农民自卫队有一千六百多人，编为二十三个队，有洋炮七百支。黑龙宫一带农民自卫队员有四五百人。道北的工作是在时任中共道北区委书记的抗日女英雄赵一曼领导下开展的，她的工作得到了满洲省委的认可。满洲省委巡视员在珠河巡视后说："道北一般比道南好，特别是五区一带，几个月来的工作深入，相当地巩固及相当发展。农民自卫队有三千余人，那里面群众也比较团结。8月1日，在五区还召开有两千人参加的'八一'反日斗争群众大会，进行抗日宣传和动员。在四道河子一带农民自卫队一礼拜发展到三百人，天天要下卡，防备河南的战斗，情绪很高。农民自卫队对于拥护大队的情绪很高，大队一到四面都下卡。"从满洲省委巡视员对赵一曼领导的道北区农民自卫队建设、发展评价中可以看出，农民自卫队在保卫抗日根据地，支援游击队斗争中起到了重要作用。

青年义勇军、模范队是脱产的群众武装，其性质、作用与中央苏区的少年先锋队一样，只不过是名称不同。青年义勇军成员大多是年龄在十六岁至二十三岁之间的青年。模范队队员大都是成年人。1934年秋，在珠河根据地内已组织起来的群众武装有：五区青年义勇军、五区模范队、路南青年义勇军、路南模范总队、苇塘沟青年义勇军、二排模范队、三股流模范队、三分所模范队、四道河子青年义勇军、四道河子模范队、老段模范队、天龙模范队、龙宫青年义勇军、黑龙宫模范队、黑大亮珠河模范大队等十五支青年义勇军和模范队，共约九百六十人。这些青年义勇军、模范队的装备有的以洋炮为主，如五区模范队、五区青年义勇军、苇塘沟义勇军、三股流模范队、路南模范总队；有的以扎枪为主，如三分所模范队、四道河子青年义勇军。多数青年义勇军、模范队的装备是步枪、洋炮、扎枪兼而有之。青年义勇军、模范队承担的主要任务是：配合反日游击队作战；肃清汉奸敌特；保卫农民委员会；巩固抗日根据地；为游击队补充队员。模范队在游击区内担负肃清一切汉奸走狗、坏分子的任务，有时与反日游击队一起行动，军事方面服从赵尚志的命令。

游击队也十分关注、关心青年义勇军和模范队的发展。在每次战斗胜利后，游击队都拿出缴获的部分军需品送给青年义勇军和模范队。平时，还经常督促他们学习军事、政治常识和文化知识，为加入游击队，成为游击队员打下基础。青年义勇军和模范队也总是根据游击队的需要不断为其补充兵员，成为游击队的可靠后备队。游击队增加兵员一般都从青年义勇军中挑选优秀者，经家里同意，青年团组织批准后而入队。当年曾在游击队工作，后又到地方担任珠河团县委书记的朱新阳回忆说：“当时青年们都愿意参加青年义勇军，到了青年义勇军再一转就进入游击队了。为了这件事，我常与赵尚志吵吵。我说‘你得给我留点儿呀！别都把青年义勇军编到支队里去’。但是，向部队输送青年是我们青年团的任务，吵吵归吵吵，工作还得干。所以，部队有了减员，就要及时把他们充实进去。”由此可见，青年义勇军、模范队在补充、发展游击队，保卫、巩固根据地等方面起着重要作用。

在抗日根据地建设中，中心县委、农委会根据实际情况，制定了土地、粮食、税收、债务等多种经济政策。

土地政策强调没收汉奸地主土地，分配给农民耕种，并免收地租。粮食政策规定，除个别经过允许的农产品（如大豆）可以到外地出售，其他大部分粮食禁止外运，以满足游击队和根据地群众的需要。

开始时，由于受“左”的思想影响，农委会曾机械地执行所有地主不允许到游击区收租，不允许小商人到游击区贸易，限制游击区内粮食买卖价格，在准备反日军军粮的口号下，农委会下令完全禁止游击区内粮食外运。由于限制过严，不许搬到城里和白区的农民带粮食，敌人就利用此事大肆造谣，攻击农委会不管群众死活，并组织农民到游击区抢粮。根据这种情况，农委会对经济政策进行了较大调整。取消了种种限制，允许地主收租，不限制粮食出口。只要不当汉奸走狗、不破坏反日运动，都可以到游击区做买卖、种地、居住。

税收政策实行低额累进制。拥有五垧以下土地者，每垧年收现洋五角；六至二十垧土地者，每垧收现洋一元；二十一垧以上土地者，每垧收现洋两元。多拥有土地多纳税。土地税以地亩捐形式出现。

对于地亩捐，规定五垧以下自耕农户秋收后缴纳，其他在春耕前、端午节前、中秋节前各缴纳三分之一。款项交由总指挥部或指定之收款员，不依手续办理者无效。

对于债务，欠汉奸走狗豪绅地主的债，本利不还；欠游击区内豪绅的，不还利，少还本；农户互欠的，还本少还利或不还利。此外，根据统一累进税原则，征收“反日特捐”，指定有向地主、豪绅、大商人征收反日特捐政策，以及对军属、烈属的土地代耕政策等。

对于这些政策，游击队和地方工作人员认真贯彻执行。由于这些政策都是为群众谋利益的，所以得到了广大群众，包括一些开明地主的拥护和欢迎。许多地主都能积极响应减租纳捐的号召，主动为游击队送枪、送子弹，送物品、送捐款，支援游击队开展反日斗争。

抗日根据地开展并加强了文化教育工作。哈东支队政治部出版过《人民革命报》。在珠河蜜蜂园子、老五区、双城九区、板子房南沟都建有小学校，招收农民子弟入学。学校不收学费，教材由哈东支队政治部编印。党的优秀干部张寿篯、赵一曼、侯启刚、周毅夫等常到学校给学生们讲课，传授文化知识和革命道理。周毅夫还在道南多次举办铁路青工培训班。

在抗日根据地内还建有多处专门为部队服务的兵工厂、被服厂、后方医院。

秋皮囤南沟、花砬子沟、腰屯南沟等地的兵工厂都能维修枪械，并能利用废弹壳改制子弹。秋皮囤南沟兵工厂曾受“木炮打宾州”的启发，制成三门大木炮。

被服厂设在三股流东山沟、赵货郎沟、乌吉密、娄家窝棚、花砬子等地，每处有一两台缝纫机，多的有四五台。被服厂工人多数是汉族、朝鲜族妇女，专为部队制作军服、帽子和子弹袋。

后方医院建有十多处。四方顶子医院由张险涛任院长，赵尚志和赵一曼都曾在这里治过病。三股流南山有一所依山建立的后方医院，内有火炕、板床。侯林乡南沟的铁北医院有三间房、两名中医，经常有十几名伤员在这里养伤。秋皮囤南沟后方医院能容纳二三十名伤员，擅长治疗黑红伤。这些医院虽然都很简陋，随着反“讨伐”斗争的开展也经常迁移，但在反日斗争中，为伤病员迅速恢复健康、早日重返战场发挥了重要作用。

根据地在党的领导下取得了很大成果，使广大民众能够安心度日。根据地内彻底扫除了日伪的一切反动统治，几个小街镇在反日会和反日人民自卫队的保卫之下，能够进行公平买卖。汉奸地主不敢收租，土匪不敢来胡作非为，日军不敢轻易进入根据地。农民免遭各种苛捐杂税的勒索，不受土匪的气和日本侵略者的压迫，生活较为安定。因为游击队能够保护劳苦民众的利益，许多非游击区的农民都愿意搬到游击区去。到 1935 年春，仅珠河道南根据地就迁入居民两千户以上。

梁树林

反日游击队在同日本侵略者斗争及开辟游击区、创建根据地的过程中，因为有良好的声誉，英勇战斗的精神，与敌人交战，有把握就打，打则必胜，很振奋人心。加之游击队有铁的群众纪律，处处替群众着想，所以受到了广大人民群众的欢迎。在抗日根据地内，到处呈现出民拥军、军爱民，军民团结，鱼水情深，共同对敌的生动活泼景象。珠河侯林乡吕大娘（梁树林）将两个儿子（吕文才、吕文真）都送到抗日部队，大儿媳妇为妇救会长，二女儿、小女儿参加了儿童团，全家人投身抗日。赵尚志亲切地称她为吕老妈妈，每次战斗回来，都要到她家看看。

游击队受到宾县、珠河、延寿各县群众的拥护和支持，他们称赞赵尚志指挥的队伍是“我们的大队”，用一切力量为游击队提供给养，帮助游击队站岗、放哨、侦察、报告敌情，抓走狗，甚至参加战斗。游击队所到之地，都能得到民众的欢迎，许多地方的农民盼望和要求游击队到他们的乡村去。许多地方在日伪军的残酷进攻中，敌人逼迫农民报告游击队的消息，他们虽然遭受严刑拷打，但也不吐露一点儿消息给敌人。群众把游击队看作是自己的“护身符”，都非常关心游击队，时常问“我们的大队怎样？”游击队在外战斗返回根据地后，马上就会有许多群众组织前来慰问，农民自卫队立刻布置站岗，妇女组织起来为战士们洗补衣服。队伍一出发，农民自卫队非要送出两里不可。

许多群众积极要求加入游击队。珠河中心县委在1934年8月26

日的报告中说："群众要求入队之热烈，见所未见，每天至少十余名要求入队。队伍到宾县时，有五六十人围着，甚至跪下要求入队。入队成为一件光荣的事，各处都有。有的跟随着五六十里始得入队。妇女也有要求入队的，如果要动员，每月动员五六百人是极易的事。当然入队的也有很复杂的，有的是怕义勇军绑，有的入队为报私仇，但这是极少数。问题是在枪支而已，故游击队不能很好吸收。由此可见，根据地的群众是怎样积极要求入队和关心、热爱自己的抗日部队的。"

哈东抗日根据地建设吸收了关内革命根据地建设的经验。这里有抗日部队，并不断战胜敌人，有农民委员会代行抗日政权。它完全符合毛泽东同志所说的有一个抗日武装部队，并使用这个部队去战胜敌人；发动民众的抗日斗争；建立、巩固当地抗日政权三项建立根据地的基本条件。

哈东抗日根据地的开辟和建设，使党领导的抗日武装有了保存和发展自己，消灭和驱逐敌人的战略后方；使群众有了一处安身立命之地。根据地军民团结一心反满抗日，到处呈现一派生机勃勃的繁荣景象，它被群众称为"红地盘"。而日伪当局则说"珠河地方俨然成为一共产王国"。

四 | 围攻宾州城

随着珠河反日游击队的发展壮大，其影响在抗日义勇军和山林队中也日渐提高。赵尚志在率领反日部队作战的同时，也十分注意与周围抗日武装的关系。

当时，在珠河一带有多股义勇军和山林队，如“九江”“容易”“跨海”“双盛”“白龙”“压东洋”“爱国”“爱民”等大小三四十股。这些反日队伍的成分和基础各不相同，他们虽有抗日的一面，但其土匪的本性也不同程度地存在着。

为了珠河民众的安宁，团结这些武装力量，利用、发展其抗日的积极性，与他们结成广泛的反日统一战线，共同对敌就成为珠河反日游击队需要解决的重要问题。

1934 年初，日伪当局大肆收缴民间枪支，收降“胡子”“大排”及义勇军，妄图扑灭遍布东北各地的抗日烈火。在这种形势下，为了推动珠河、五常一带的义勇军和山林队继续坚持抗日，游击队做了大量团结和争取他们的工作。除了向他们宣传联合抗日，一致对敌才能站稳脚跟打败日本侵略者之外，游击队还将每次的战利品分给积极抗日的义勇军和山林队。这些办法促使活动于珠河、五常一带的“长江好”“北来”等义勇军及大排队都主动与反日游击队接近,建立关系或要求改编。

1934年3月8日，依兰县土龙山爆发了农民反日大暴动。为了镇压这股反日力量，3月10日，日本关东军第10师团大佐饭冢朝吾带领几十名日伪军前来讨伐暴动队伍。在白家沟，暴动队伍设下埋伏，给敌人以猛烈痛击，饭冢被击毙。不久，暴动农民成立了民众救国军。

为了与土龙山农民反日暴动相呼应，打击日伪军，扩充武装，发展抗日力量，游击队决定攻打宾县县城，夺取城内敌人的武器库。

三月中旬的一个夜晚，赵尚志、张寿篯（李兆麟）率领游击队员五十多人，义勇军“黄炮”队伍一百多人，向宾州镇进发。城内的党组织早已按游击队约定的时间做好了准备。联系的口令是“冬草”“春活”。具体分工是:董文卿、季铁中（季兴汉）、段锦章（段鸣笛，绰号段傻子）、李树庭（别名小魏）分别在西门外、南门外、东门外和北门外迎接游击队。当游击队到达城下时，城内敌人已经发觉，日军守备队、伪警察骑兵队、山林警察队等早已在城上固守，并有伪大排队和商团武装配合。由于城墙坚固，护城河又宽又深，游击队没有重型武器，无必胜把握，便不战而归，准备择机再战。

游击队认真总结了无法摧毁敌人的城防工事，打不进宾州城的教训。赵尚志发动干部战士想办法造土炮。战士们在杨家烧锅弄来一根有饭碗口粗、七尺长的铁管，利用古代火炮的原理，设计了一门土炮。他们在铁管外面镶上湿柳木，用五道铁箍紧紧箍住，并用粗铁线一道道地缠上，配上炮架，再把炮身刷上黑色，蒙上红布，分辨不出是土

攻城木炮模型

炮还是钢炮。这尊木炮能装十多斤火药，三四十斤碎铧铁及大秤砣等物。

做好了攻城准备之后，5 月 9 日，赵尚志给宾州城里的伪县长李春魁打电话，问他是出来迎接还是准备挨打。李春魁说：“别说你是抗日军，什么军我们也不迎接。”当天上午，张寿篯政委做了攻城的战斗动员，重申了进城后不要损害工商业和居民财产等纪律。下午，游击队员四百多人，义勇军“黄炮”“吕绍财”“占九营”“九亏手”等队伍，共一千余人，加上四百多助战的乡亲们，在赵尚志的带领下，拉起长达十余里的队伍，浩浩荡荡杀向宾县县城——宾州镇，这次战斗史称“木炮打宾州”，是赵尚志指挥反日联合军进行的一次规模较大的战斗。

宾州是哈东重镇，距哈尔滨仅六十公里，是日伪当局在哈东地区设置的重要据点之一。赵尚志对这个地方特别熟悉，在孙朝阳部队时曾率队打进过一次。之后，敌人加固了城防设施。该城周围设有炮楼、暗堡等工事。在各炮台之外，皆设卡为营，城壕上设有电网，城防设施十分坚固。

5月初，因一部分义勇军至宾县新开道一带活动，敌人已经在宾州城内加强了防守。7日，义勇军部队进至对店屯，宾县伪警务局长沈溺濂遂将在外巡剿的警备大队全部调回，增加了城防力量。

5月9日上午10时许，赵尚志率反日游击队先行来到距县城不远的杨家烧锅驻地。这时，有消息说，宾县伪警备队前来进攻反日军。赵尚志听罢，便率游击队四十人在城南驼腰岭与伪警备队展开了战斗。

开始时，敌人占据附近一高地，反日游击队位于北小岗之下，地势非常不利。为扭转局势，赵尚志派数名队员引诱敌人离开高地，而他率三十余人向北小岗上迂回。敌人果然中计，为追击几名游击队员而离开高地。于是,形势发生有利变化。赵尚志便率队顺利占据北小岗，他指挥游击队员向敌人猛烈射击,当即毙敌十余名。而后敌人亡命逃归，游击队奋勇追击，追敌至宾州城下，仅迟三十余步，不然即冲入城内。追到宾州城南门外的游击队迅速占据了临街的房屋，挖枪眼，筑工事，准备攻城。

晚上七时，反日联合军各队人马均已来到宾州城外按部署进入指定阵地。部队在赵尚志的统一指挥下将宾州镇包围。根据赵尚志确定的攻城计划，游击队在城东南，担任主攻任务，负责用炮攻城，打开缺口。“黄炮”队伍在城南门外,负责攻打敌人指挥所和岗楼。“吕绍财”队伍在东岗，负责攻打伪县公署。“占九营”和“九亏手”的队伍手枪不多，不易攻城，他们在西门外负责守住公路，堵截城内逃敌与外来的援兵。

游击队运动到城墙附近，开展政治攻势，向伪军们喊话："伪军弟兄们,你们不要当亡国奴。""中国人不打中国人。""你们应该调转枪口，打死长官，消灭日军。"城内的日伪军十分恐慌，不停地向城外无目标地射击。游击队一面唱歌，一面高呼口号，一时声势大振。伪军长官听后十分恼怒，下令向城外射击。游击队战士们喊道："伪军弟兄们快投降吧！不投降就用炮轰城了。"伪军长官见状，唯恐军心涣散，向伪军喊话："弟兄们别听他们吹了，他们没有炮，只有国军和皇军才有大炮。"一个战士气得骂道:"你这个不知死活的东西,吹不吹你等着瞧吧！待会儿叫你尝尝滋味。"这一骂日伪军恼怒起来，对着城外又是一通乱射。这时赵尚志仍然没有下令攻城，游击队战士们严阵以待。

夜里一点多钟，伪军情绪松懈了下来，只有日本守备队到处督战。他们走到哪里，哪里就打一阵枪，走过之后，枪声就明显稀落下来。

此时，木炮的射击准备工作已经就绪。炮膛里大约装进了二十多斤火药，十四五斤碎铧铁。夜里两点多钟，赵尚志一声令下，守炮战士点火放炮。一声巨响,只见火光一闪,一条火龙直冲城门。连续打了两炮，城门被轰塌了。木炮发射出去的碎铧铁落到敌人的阵地上，只听一片惨叫声。游击队突击队和少年连的战士，冒着浓烟冲进城去。南门的守敌被这一声巨响吓坏了，慌忙向城内逃走。据一位游击队少年连的战士回忆，勇敢的少年连战士冲进城内后，闯进靠南门附近的一伪警察所，只见十几名伪警察或跪或卧，抱着头，浑身发抖。战士们让他们赶快站起来，他们指着桌子上一个带火药味的东西，胆怯地说："快要爆炸了。"战士们一看，原来是攻城时，木炮打进来的铁秤砣。游击队少年连战士迅速占领了城内十字街大桥以南的地段，但因城内守敌仍然占据着四周的城墙，大部队未能攻入城内。

由于反日联合军人多势众，进攻猛烈，城内守敌异常惊恐，在一小时之内竟向哈尔滨打七次告急电话，请求日伪当局迅速增援。

天放亮时，飞来两架敌机进行扫射。赵尚志考虑到敌我力量相差悬殊，天亮后敌人会有大批援兵到来，便放弃了继续攻城的计划，下令撤退。已冲进城内的突击队和少年连迅速撤出城外。撤退途中游击队员用机枪击落低空盘旋的敌机一架。

早六时许，由哈尔滨调来的数百名日伪军增援部队沿满家店方向急速向宾州镇扑来，又派出飞机追赶已经撤退的游击队。此时游击队已经在赵尚志的带领下安全撤回八里川营地。

由日本人经营的《盛京时报》对此战曾报道说：“‘匪首’赵尚志带领一千余众于9日下午2时半分三路蜂拥扑来。该‘匪团’凶悍异常，愈逼愈近，遂将县城包围，开始猛攻，守城警团亦努力还击，杀声震地，炮火连天。”

攻打宾州城的战斗是赵尚志指挥的一次较大规模的战斗。由于赵尚志事先给伪县长打了电话令其投降，使敌人对我军的攻击有了一定准备，又由于大批敌军出援并有飞机来袭，加之反日联合军缺乏联合作战经验，未能完全实现作战目的。战斗中，只是游击队少数队员攻进城内至大桥南，而大部队未能攻入城内占据县城。尽管如此，作战中，赵尚志沉着果断的指挥，反日联合军的英勇顽强，给敌人造成极大恐慌。中共珠河中心县委在给满洲省委的一份报告中谈到这次战斗时说：“战斗进行中，我军一面唱歌，一面呼口号，精神百倍。甚至城中的敌

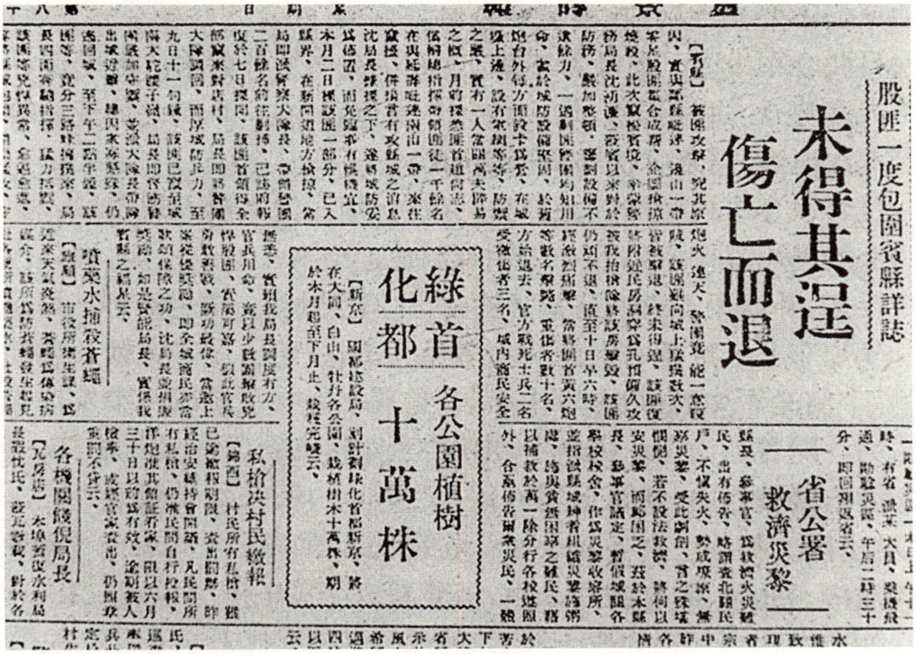

股匪一度包圍賓縣詳誌

未得其逞 傷亡而退

綠化首都 各公園植樹十萬株

省公署 救濟災黎

《盛京时报》关于赵尚志率部攻打宾县县城的报道

人也呼好，并命令士兵不要打。作战的一天一晚，许多农民给我们送饭，并送来走狗名单……”这说明游击队和义勇军的联合作战深受群众拥护，而令日伪胆寒。这次战斗敌人死伤七八十名。游击队牺牲两名，受伤四名，被捕一名。

攻打宾州城之战，极大地震慑了宾（县）、五（常）、双（城）、阿（城）一带的敌人。经过此战，进一步扩大了党领导的游击队的影响。“木炮打宾州，声威震敌胆”，这场哈东反日斗争中游击队、义勇军的联合战斗，长期以来一直被传为美谈。

五 | 美丽通北

通北镇 (1917 年—1956 年为通北县) 位于黑龙江省中部 , 坐落在通肯河北岸，距北安市区约 70 公里，处于黑河、绥化、齐齐哈尔三个地级市交界地带，通北林业局坐落镇内。绥北高速、通拜公路、通克公路、

通北林业局

通主公路、通建公路在此交汇，同时是重要的火车站点。

通北，周以前属肃慎，战国属貉地，后汉、三国、魏时属挹娄，晋属夫余之寇漫汗，后魏、北齐属豆莫娄，隋唐属黑水靺鞨，辽属生女真，金属蒲与路，明属奴儿干都司阿真同真卫，清属兴东道讷河厅。中华民国初年设治，隶属黑龙江省绥兰道。

通北设治前属通肯副都统、海伦府(县)管辖，地居通肯河北岸，为“海伦所属北字段”“清时皇家围场地”。这里多为深山密林，土地肥沃，人烟稀少，只有鄂伦春人游猎生活。

清光绪三十四年(1908年)拟在海伦府北，即通肯河以北，乌鱼尔河之南设治通北县，知县驻通肯河北，定名“通北”。后因经费不足，拖至民国元年(1912年)9月才设立通北稽垦局，仍归海伦管辖。1915年5月14日，奉令将原通北稽垦局改设通北设治局，选定周家地房为城基修筑衙署，隶属绥兰道辖。设治局辖区，东至萝北县界160里，西至克山设治局界10里，南至海伦市界75里，北至龙门设治局界45里，总面积约4200平方公里，人口1.8万余人。1916年12月29日，黑龙江省公署训令，规定龙门、通北等设治局于1917年1月1日“实行改升县缺”，为三等县，隶属绥兰道。委任原通北设治局设治员熊良弼为代理通北县知事。代理知事于1月22日启用“通北县印”。县知事驻今赵光镇前进村。至1930年，通北县城“名为县城，实无城池”，县政府“房屋坍斜，院墙未筑”。东北沦陷后，始由黑龙江省管辖，1934年12月改隶龙江省，1939年6月划归新设之北安省管辖。

抗日战争胜利后，通北县划归黑龙江省管辖。1946年4月，拜泉县石泉区划归通北县，县政府迁驻通兴镇(后改通北镇)。1956年3月

6日，经国务院批准，撤销通北县，并入北安县。1982年12月18日，国务院根据黑龙江省政府的请示批准，设置北安市的同时，恢复通北县。批文到省未予实行。1983年4月28日，国务院又根据黑龙江省政府的请求，同意撤销通北县，并入北安市。

通北一带森林密布，当地政府积极与通北林业局合作，以特有的“绿色”和“红色”资源为基础，大力发展通北到南北河旅游专线和通北到冰趟子旅游专线，形成独具特色的“绿色游”和“红色游”线路。

冰趟子位于通北县城（今北安市赵光镇前进村）东150华里的小兴安岭西沿，是通北县城通往东部山区车辆的必经之地。这里夏天是一片沼泽地，在冬天是一片泉水结冰而成的冰甸子，“冰趟子”便由此而得名。1937年是东北抗日联军最为强盛的时期，赵尚志曾率东北抗联第3军部队在这里依靠有利地形对尾随之敌予以痛击，史称“冰趟子战斗”。

冰趟子战斗纪念碑

让我们沿着这条独具特色的红色旅游线路，再次走进那段艰难曲折、令人难忘的烽火岁月。

六 | 东北抗日联军第3军

东北人民革命军第3军

1934年冬，赵尚志领导的东北反日游击队哈东支队通过英勇顽强的对敌斗争粉碎了敌人对根据地的“讨伐”，战士们的士气更加高昂、旺盛，队伍也不断壮大。与此同时，哈东支队也根据满洲省委“巩固扩大反日游击队，创造人民革命军”的指示做好了把这支部队改编为东北人民革命军第3军的准备。

人民革命军是较游击队更高一级的党领导的从事抗日斗争的武装组织。中共满洲省委在关于接受中央《一・二六指示信》的决议中就把“以最好的游击队为基础建立人民革命军”作为党在当时的中心任务之一。东北人民革命军实行统一编制，从第1军按序排列。1933年9月，杨靖宇领导的南满磐石游击队改编为东北人民革命军第1军独立师。1934年11月成立第1军,杨靖宇任军长兼政治委员。1934年3月，东满地区的延吉、和龙、珲春、汪清等游击队合并组成东北人民革命军第2军独立师。1935年5月正式建立第2军，王德泰任军长。

1934年12月23日，哈东支队与地方党组织举行联席会议，共同研究关于成立东北人民革命军第3军的问题。次日，哈东支队致信满洲省委，在报告中说："我们决定在最近要进行几个袭击的进攻的军事行动，在胜利中实现第三军的组织，我们现在是准备组织'第三军第一师'。"同时汇报了拟定于1935年1月28日成立东北人民革命军第3军第1师，下辖3个团，并对军、团级领导的人选提出了建议。很快，省委批准了这个报告。省委在来信中指示"关于建立人民革命军和部队发展方向问题，在名义方面，你们的决议是对的。在部队发展方向上，你们应照着方正和宁安的方向发展以便和那边的队伍取得联系"。

1935年1月28日，东北反日游击队哈东支队遵照中共满洲省委的指示改编为东北人民革命军第3军第1师，在珠河抗日根据地半截河举行了隆重的东北人民革命军第3军升旗仪式。东北人民革命军第3军设司令部，军长为赵尚志，政治部主任冯仲云。军部设有秘书处、参谋处、副官处、军需处、执法处、稽查处、军医处。政治部设宣传鼓动科、组织分配科、义勇军工作科、军人俱乐部、青年干部科。赵尚志兼任第1师师长，师下设3个团。第1团团长张寿篯（后为刘海涛），政治部主任马宏力（后为张寿篯）；第2团团长刘海涛（后为许亨植），政治部主任金策；第3团团长张连科，政治部主任侯启刚。每个团辖3个连，连下设排。司令部直属部队有少年连、政治保安营。全军共五百余人。部队及时发布了关于哈东支队改编为东北人民革命军第3军的通告，宣布东北人民革命军第3军第1师正式成立。

东北人民革命军第3军是继第1、2军之后，又一支党直接领导的重要抗日武装力量。第3军的成立，不仅标志着哈东支队又有了新的发展，也表明由中国共产党领导的抗日武装在东北大地（南满、东满、吉东、北满等地）正在不断成长、壮大，党领导的人民抗日军队已在东北抗日游击运动中成为中坚力量。

东北人民革命军第 3 军的成立以及东北地区抗日武装力量的迅猛发展，使日伪当局感到异常惊恐。据伪珠河县政概况记载："县城城墙被风雨侵蚀颓坏多处，而抗日会匪赵尚志等盘踞亮珠河五区一带，时有攻城消息，纷至沓来。曾饬农商各界按段重修城墙、建筑炮台及卡子房各十数处，并于城壕铁丝网上全通电流，以资防御。"

东北人民革命军第 3 军成立后，部队发展十分迅速。至 1935 年底，全军由 3 个团发展至 6 个团，近八百人。部队能够迅速发展的主要原因是：党在游击区建立了根据地，遍地都有抗日爱国群众的反日组织，部队得到了群众组织的大力支援；根据地内的农民自卫队、青年义勇军、模范队为部队提供了充足的兵源；军纪严明，不损害群众利益，干部战士能与群众打成一片，群众视游击队员为子弟兵；对自愿参军的工人、农民都积极吸收入伍，对被缴械的大排队、山林队中的自愿参军者，经教育也予以吸收。另外，赵尚志治军有方、常打胜仗也是吸收兵

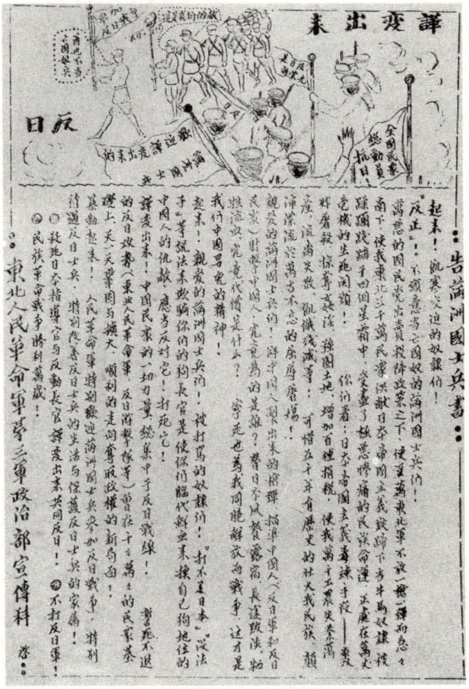

告滿洲國士兵書：

起来！飢寒交迫的奴隸们！

『反正』！不願意当亡国奴的滿洲国士兵们！

萬惡的国民党出賣投降政策之下，使全萬東北軍不放一槍一彈而急々南下，使我東北三千萬民衆供獻日本帝国主義鉄蹄下，当牛馬奴隸，被蹂躏践踏于四個星霜中，受盡了極悲慘痛的民族命運，正處在萬丈危機的生死関頭！

你们看：日本帝国主義毒辣手段——妻野屠殺，掠奪姦淫，強圈土地，增加百種捐税，使我萬千民衆失業流離，流離失散，飢餓残滅等等；可惜五千年有歷史的壮大我民族，顛沛流離於萬古不忘的慘痛磨墳！

親愛的滿洲国士兵们！你们入關出来的掠奪，拓準中国人（反日軍和反日民衆）肝杯中国人，究竟為的是誰？替日本風餐露宿，長途跋涉，粘糕流血，究竟代價是什么？寧死也為我同胞解放而戰爭，这才是我们中国男儿的精神！

起来！親愛的滿洲国士兵们！被打罵的奴隸们！『打不是日本』『没法子』等說法来欺騙你们的狗長官是使你们腦代鮮血來換自己狗地位的中国人的仇敵，應当反对它！打死它！

譁变出来！中国民衆的一切力量总集中于反日戰线！誓死不退的反日政黨（東北人民革命軍，反日游擊隊等）曾在千々萬々的民衆基礎上，天々天發展与擴大，順利的走向奪取政權的新局面！

暴動起来！人民革命軍特别歡迎滿洲国士兵參加反日戰爭，特别待遇反日士兵，特别改善反日士兵的生活与保護反日士兵的家屬！

◎殺死日本指導官与反動長官譁变出来共同反日！ ◎不打反日軍！

◎民族革命戰争勝利萬歲！

東北人民革命軍第三軍政治部宣傳科 啓：

东北人民革命军第3军政治部印发的《告满洲国士兵书》

源的重要因素。

铁的纪律是部队生存、发展的基本保证。人民革命军第3军除继续执行《反日游击队纪律暂行条例》外，结合部队实际，有针对性地制定了一些禁烟、禁酒的律令。这对加强部队自身建设，以良好的风纪影响统一战线内部各义勇军起到了很大作用。

随着队伍的不断壮大，经济问题也突出地表现出来。因不断增加兵员，部队在吃穿用等方面支出较多，且因战斗频繁，补充消耗弹药所需的费用也更大了。当时部队所需弹药的来源一是靠自己简陋的兵工厂制作，只能是一小部分；二是在战斗中从敌人那里缴获，这要占大部分；再有就是依靠地方党组织用金钱向守护中东铁路的张统带的部队或其他义勇军购买。

为了解决部队经济困难问题，人民革命军第3军干部战士集思广益，一起想办法。根据省委的指导意见，决定在以前解决经济问题的各种途径基础上再增加一条：在白区与反日区内征收反日特捐及拉木头税、车辆税、大烟税等。采取了这些措施后，第3军部队的经济状况有了很大改观。战士们的物质生活改善了，衣、帽、鞋、裤等基本能保证按季发放。据第3军老战士于保合回忆，“当时人们革命军的装备不亚于伪满‘国兵’，战士皆使钢枪，每

东北人民革命军第3军部队用过的旗帜

连整整齐齐一百二十人，干部配备齐全，戴苏式尖帽，全着黄色军服，上缀红五星，臂戴红布袖标，上写职务名称。弹药充足，可以通过地方和伪军关系买到”。

1935 年冬，在部队经济状况好转后，第 3 军军长赵尚志还向中共中央驻共产国际代表团创办的巴黎《救国时报》捐助钱款，作为日刊基金。《救国时报》曾在日刊创刊号头版刊登鸣谢启示：“东北抗日联军第三军赵尚志军长捐助本报出日刊基金国币一千二百元整。”

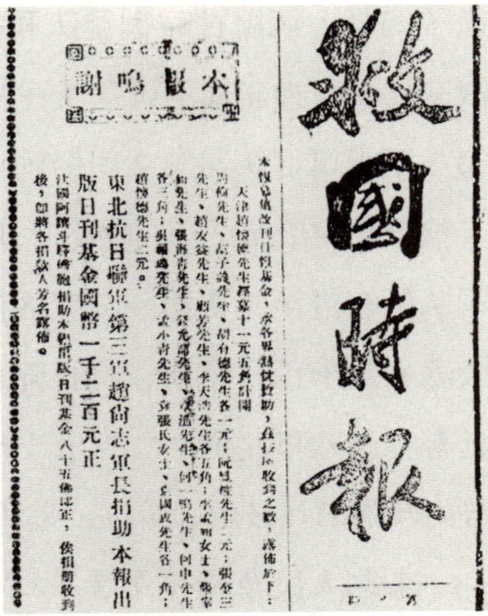
救國時報

本報鳴謝

東北抗日聯軍第三軍趙尚志軍長捐助本報出版日刊基金國幣一千二百元正

赵尚志捐助巴黎《救国时报》的报道

敌人不甘心失败，尤其不能容忍共产党的队伍不断扩大“红地盘”。1935 年 2 月，日伪军在上一年冬季“讨伐”失败后，经过短暂休整便纠集兵力向哈东游击区和根据地展开新一轮“讨伐”。此时的东北人民革命军第 3 军刚刚成立，部队指战员的士气正旺，他们在赵尚志的指挥下，巧妙运用机动灵活的游击战术，在运动中反击敌人的“讨伐”。

旧历年底，第 3 军司令部人员和直属部队（少年连、政治保安营）北进宾县，开始实施春季对敌作战的游击活动计划。

赵尚志率队伍在宾县二区，在三个小时内连续袭击了三道街、包家岗、四道河子三个地方的大排队和伪自卫团，缴获步枪三十余支。在除夕夜，他们神出鬼没地扑向正在兴高采烈、熬夜守岁的反动大排驻地王荣大院，将这支大排武装缴械。正月初二，部队又出其不意地缴了宾县七区财神庙大排队和投敌的土匪“占北平”五十余支枪。此战获胜使财神庙周围民众及一些义勇军对第3军的英勇善战更加钦佩。第3军直属部队与第2团会师后，把在财神庙战斗中缴获的五十余支步枪全部交给第2团，使第2团装备得以改善和加强。正月初四，第3军队伍东进至延寿第一、三区活动。在那里缴了花砬子王成大排，焚毁姜家崴子伪警察所，将投降日伪的“德山”队缴械。然后，在距离延寿县城八里路的“二百五十垧”地方渡过蚂蜒河，深入到敌人统治势力较强的马鞍山、金坑一带活动，相机与敌人展开战斗。

东北人民革命军第3军司令部及直属部队在宾县、双城、珠河、延寿等地纵横驰骋，频繁出击。特别是队伍在春节期间进行的一系列战斗，使敌人防不胜防，惊恐不安，整个春节始终没得“消停”。

在第3军直属部队及各团的积极活动影响下，各义勇军与日伪“讨伐军”也进行了英勇的斗争。他们收缴了许多反动大排的武器，如“八合”“化民”等队，攻破了宾县夹板站（今宾安镇）;“北来”“吕绍才”“黑塔”进攻了二道河子。

在抗日武装发展的不同阶段，东北人民革命军第3军所运用的游击战术也有不同特点。

在反日游击队阶段，部队的作战方针基本是以袭击方式解除小股敌人武装，扩充自己队伍，尽量避免与大股敌人进行正面作战，努力做好扩大游击区、建设根据地工作，同时伺机破坏敌人薄弱据点，打击敌人。

在哈东支队和人民革命军第3军阶段，随着部队日益壮大，战斗力增强，开始广泛运用游击战术，主动出击，不断突破敌人的封锁、围剿，积极开辟新的游击区域。

在1935年敌人的春季“大讨伐”中，妄图消灭东北人民革命军第3军的日伪军在赵尚志的游击战术之下，疲于奔命，不得不将长驱直入的普通进攻，改为步步为营的重点进攻。但是敌人的这种重点进攻也很快在第3军展开的游击战面前遭到挫败。最后敌人不得不承认“溯自事变以来，盗匪蜂起，五常、珠河、苇河、延寿、舒兰、额穆等县仍有流匪患扰，屡事讨伐，终难收效”。

自东北人民革命军第3军成立后，赵尚志把与日本侵略者和伪军作战的经验不断总结、提高，逐渐形成独到的游击战术理论。“木炮打宾州”、攻打五常堡战斗以及1934年的三岔河之战、肖田地战斗就是他“外线战与内线战”理论的典型战例。

部队在开展积极的游击战的同时，进一步贯彻党的反日统一战线政策，广泛团结各义勇军共同开展反日斗争，使哈东地区抗日游击运动又有了新的发展。

中共珠河中心县委1935年4月25日在一份文件中说：“在哈东一带由于东北人民革命军第三军英勇的活动，艰苦奋斗，哈东反日形势一日千里地高涨起来。目前，东北人民革命军第三军，在哈东已经成为民族革命战争的主力。新春以来，攻破方正县城，占领小黄烧锅，毁灭周家营子，深深地激起了人们的反日热情。日满强盗在这一胜利情形之下，心惊胆寒，感到自己前途危险。由于我党政治影响的扩大和深入，实际生活的体验，使反日义勇军的数量更行增加，改善与群众的关系，提高了战斗的力量，积极进行反日战争，日益围绕到我们周围来。谢文东、李华堂部队与我们结成联军，路北以及路南、延方反日联军指挥部的成立都说明民族革命战争开始了新的局势。”

抗日女英雄赵一曼

面对北满抗日运动部队发展的形势，日伪统治者坐卧不宁，寝食难安，极为忧虑。日伪称“今年（指1935年）进入夏季繁茂时期，由于赵尚志匪的行动已深入人心，诸匪贼几乎全部大有投向共产匪之势，有力的匪队已变成共匪者相当多，将来能形成何等可虑的局面是无法估计的”。

在东北人民革命军第3军的积极努力下，反日统一战线不断扩大，许多义勇军紧密地团结在第3军周围，哈东地区反日斗争的烈火越烧越旺。这从当时日伪报纸《盛京时报》的一篇报道就能看出端倪：

适据康家炉何云阁保董紧急报告：匪首赵大队长尚志督部下党羽三千余名并带机关枪，迫击炮各数十门，军装整齐，枪械精锐，骑匪一千五百名，步匪一千五百名，扯五色旗，戴红袖标，着义勇军字样，风声鹤唳，耀武扬威，由山里汹汹而来，刻下前队已至蛤蟆塘、一棵松、泉眼河等处，并以笼络手段遍告该屯村民言曰：‘本大队长此次带队出山一不抢村民，二不绑屯票。本队员所行目的为破坏拉滨路、劫火车、破拉林仓，决意作一惊天动地的事。近日来本队迭接部下首领报告，双城警察大队来境剿匪，今已多日。此次本队长督队千名，首领数十员，与其警察大队争争胜负，看看警察队有何本领，能动我一兵一卒？’想赵尚志此次出山，督匪数千，果一拥而进，我拉林兵力单薄，仅有警察队，自卫团等恐难济于事。

这则出于日伪当局报纸上的通讯从侧面反映出当时各路义勇军团结在第三军周围，反日武装力量不断壮大，部队斗志昂扬、士气高涨的强大气势。

哈东地区不断掀起的抗日浪潮让日伪统治者不敢掉以轻心，他们重新纠集力量对抗日根据地进行秋季“大讨伐”。日满军在关东军司令部的统一指挥下，对人民革命军及其他抗日部队实行全力“围剿”。并确定伪滨江省为“治安肃正”的重点地区之一，派出岩越师团为基本部队，担任滨绥铁路沿线以北，至松花江地区之间的“讨伐”任务。

敌人对根据地的这次“讨伐”是空前残酷和毒辣的。敌人从破坏抗日统一战线入手，集中力量攻袭抗日队伍。日伪将抗日部队分为“职业匪”“政治匪”和“共产匪”三种。“职业匪”即“胡子”，“政治匪”即参加反日统一战线的义勇军，“共产匪”即党领导的人民革命军。敌人采取的策略是收买“职业匪”，分化“政治匪”，集中力量打击“共产匪”。以往敌人“讨伐”时是以保守城市为重点，间歇性进攻。现在是守城与进攻并行，实施不间断“讨伐”。敌人在进行军事进攻的同时，普遍在反日区域内施行“三光”政策，烧杀抢掠，驱赶群众入“大屯”。对游击区实行坚壁清野，严禁油、盐及其他日常生活用品进入游击区。

日军据点

敌人还在游击区内建立兵站和据点，广修炮台，挖掘战壕，修建“集团部落”，实行保甲制。

敌人的这次秋季“大讨伐”致使哈东根据地——这个没有土匪骚扰，种地不纳租，没有各种苛捐杂税，不受日伪统治的“红地盘”遭到了极其严重的破坏。在此期间，由王惠童、赵一曼领导的第3军第2团在珠河五区春秋岭一带遭日军横山联队和驻乌吉密伪军的包围。在团长王惠童的指挥下，第2团与日伪军展开了激烈的战斗，但因寡不敌众，损失严重。十余名战士在战斗中牺牲，团长王惠童受伤被俘后被敌人杀害，政治部主任赵一曼在突围时受伤。

1935年11月22日，赵一曼在侯林乡养伤时被敌人包围，激战中腿部受重伤，陷于敌手。敌人为迫其投降，将其送至哈尔滨关押，对其软硬兼施，企图通过她获取党组织和人民革命军第3军的情报。

面对敌人的严刑拷打，赵一曼严守机密、坚贞不屈，与敌人进行了顽强的斗争。敌人怕赵一曼死了得不到口供，于1935年12月13日，把她送到哈尔滨市立医院监视治疗。

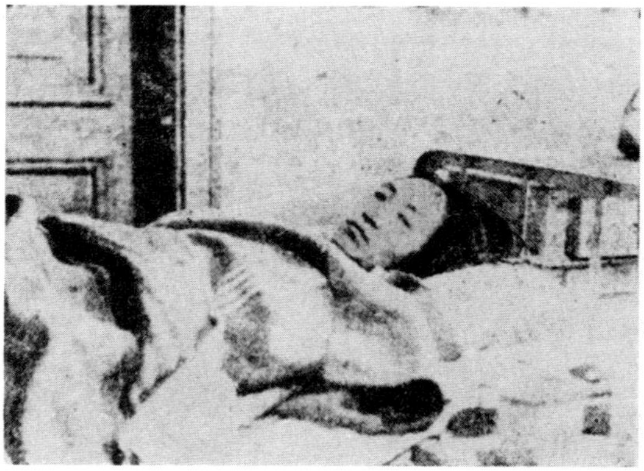

在医院治伤中的赵一曼

1936年4月，为了便于审讯，赵一曼被转移到单人病房，在这里她有机会与看守和护士单独相处。赵一曼经过对看守董宪勋和护士韩勇义二人的考察，开始向他们宣传抗日救国的道理，向他们讲敌人侵略中国的残暴罪行，以及我们抗日队伍在山里打击敌人，英勇斗争的故事，这对董宪勋、韩勇义教育启发很大。

5月20日，日寇控制的各大报纸，都刊登了赵一曼被捕的报道和照片，还给赵一曼扣上了“红装白马女匪首”的帽子。而此时，在医院里的董宪勋和韩勇义已经决心帮助赵一曼逃出牢笼。

6月28日夜，正好是星期天，敌人的监视有所放松。恰逢天下大雨，董宪勋和韩勇义把赵一曼从医院后面背出来，坐上早已准备好的出租车，然后又换乘一顶小轿，奔向游击区。由于夜里雨大，道路泥泞，第二天早晨他们才到达阿城金家窝棚董宪勋的叔叔家。白天不敢走，到了后半夜，他们坐上魏玉恒的马车，向宾县方向奔去。

6月29日早七点，敌人接到从医院传来的关于赵一曼逃走的报告，派出人马四处搜查。他们从出租车司机那里得到线索，又在道外找到了制作小轿子的店铺和轿夫，知道了赵一曼逃走的方向，便连夜追赶。

6月30日上午，当赵一曼他们走到离游击区仅二十多里地的李家屯附近时，不幸被日本宪兵追上，赵一曼再一次落入敌人的魔掌。

再次落入敌手的赵一曼被关押在伪哈尔滨警察厅拘留所（现东北烈士纪念馆内）。敌人对赵一曼进行了更为残酷的刑讯，但仍然未能动摇她的坚强意志，甚至连敌人都已经失去了审讯她的勇气，用日本战犯大野泰治的话说：“与其说是审问她，倒不如说是她审判我！”敌人在深感从其口中不可能得到任何口供之后，决定把赵一曼杀害示众。

1936年8月2日，在生命的最后时刻，赵一曼向日本宪兵要来纸笔，在开往珠河的火车上，给儿子留下了最后的话语。

宁儿：

母亲对于你，没有尽到教育的责任，实在是遗憾的事情。

母亲因为坚决地做了反满抗日的斗争，今天，已经到了牺牲的前夕了。

母亲和你在生前是永远没有再见的机会了，希望你，宁儿啊！赶快成人，来安慰你地下的母亲。

我最亲爱的儿子啊！母亲不用千言万语来教育你，就用实行来教育你，在你长大成人之后，希望不要忘记，你的母亲是为国而牺牲的。

一九三六年八月二日

你的母亲赵一曼于车中

赵一曼带着对儿子的深情眷念，对祖国的无比热爱，对法西斯侵略者的刻骨仇恨，唱着悲壮的《红旗歌》，慷慨赴死，从容就义。

赵一曼是中国抗日战争中涌现出的著名女英雄，是“胸怀壮志，意志坚强，满怀革命豪情的奇女子”。她的感人事迹一直被广大群众所传颂。她为了更多数人的自由而舍弃自己的自由；她为了千千万万个家庭的幸福而选择了背井离乡，离开恩爱的丈夫，投身革命；她为了千千万万个孩子不失去母亲而宁愿与自己的骨肉阴阳两隔；她为了执着的理想和信念献出了自己三十一岁的生命。

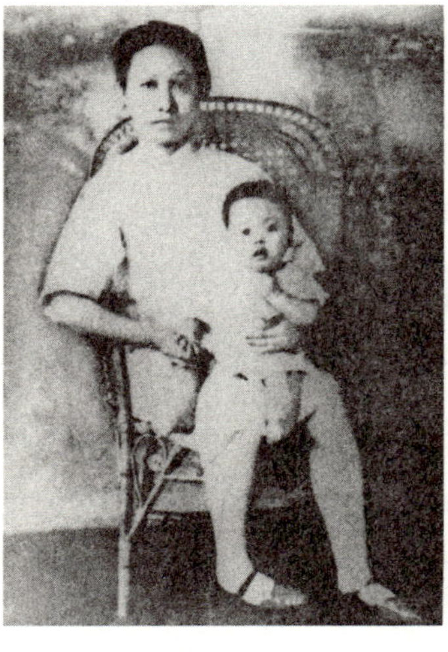

赵一曼与儿子宁儿合影

在反“讨伐”斗争中，珠河党组织和第3军虽然付出了巨大代价，但是抗日志士的鲜血并未白流。东北人民革命军第 3 军主力在赵尚志的指挥下打破各抗日部队保守故地的状态，跳出敌人的包围圈，远征延寿、方正等地，并逐渐向牡丹江、松花江和小兴安岭一带延伸，开辟了新的游击区，粉碎了日伪当局妄图一举根绝哈东地区反日运动的梦想。

改编为东北抗日联军第3军

1936 年 2 月，根据《八一宣言》精神，中共驻共产国际代表团以东北人民革命军第 1、2、3 军，东北抗日同盟军第 4 军，东北反日联合军第 5 军等领导人杨靖宇、王德泰、赵尚志、李延禄、周保中等名义发表了《东北抗日联军统一军队建制宣言》。宣言指出，“根据全国救国运动的发展，为使抗日军队组织愈加巩固，统一抗日军队行动，就要改组抗日军队的建制，统一名称。为此，东北人民革命军第一、二、三各军，反日联合军第四、五、六军，各反日游击队一律改组军队建制为东北抗日联军第一、二、三、四、五、六军以及抗日联军 ×× 游击队”。该宣言还宣布，“东北抗日联军随时准备参加全国统一的抗日联军”。

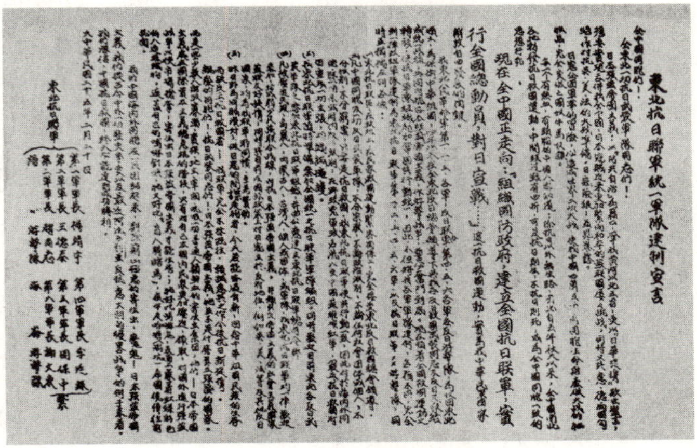
東北抗日聯軍統一軍隊建制宣言

現在全中國正走向：『組織國防政府，建立全國抗日聯軍，實行全國總動員，對日宣戰……』

《东北抗日联军统一军队建制宣言》

杨靖宇

《东北抗日联军统一军队建制宣言》发表后，至1936年秋，原东北人民革命军包括抗日同盟军、反日联合军等相继改编为东北抗日联军第1、2、3、4、5、6军。抗联第1军军长杨靖宇、第2军军长王德泰、第3军军长赵尚志、第4军军长李延禄、第5军军长周保中、第6军军长夏云杰。以后，又以抗联第4军第2师为基础，编成抗联第7军，军长陈荣久；谢文东领导的民众救国军编为抗联第8军；李华堂领导的自卫军支队编为抗联第9军；汪雅臣领导的救国义勇军编为抗联第10军；祁致中领导的“明山队”编为抗联独立师（1937年10月改编为抗联第11军）。

东北抗日联军十一个军相继建立的过程，正是东北人民武装抗日斗争发展的高峰阶段。在此期间，抗联各部英勇奋战，一面大量歼敌，一面积极发展自身力量。其鼎盛时期，十一个军达三万余人，活动区域遍及东满、南满、北满、吉东七十余县。

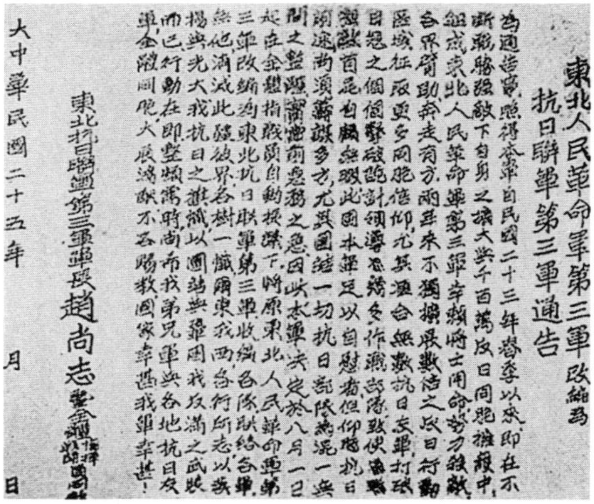
東北人民革命軍第三軍改編為抗日聯軍第三軍通告

東北抗日聯軍第三軍軍長趙尚志

大中華民國二十五年 月 日

东北人民革命军第3军改编为东北抗日联军第3军通告

1936年8月1日，已在汤原根据地打开局面

东北抗日联军第3军

的东北人民革命军第 3 军正式改编为东北抗日联军第 3 军。部队发布了《东北人民革命军第三军改编为抗日联军第三军通告》。

东北抗日联军第 3 军下辖十个师，共计六千余人。司令部下设秘书处、副官处、执法处、经济处和稽查处。司令部直接领导政治保安师和少年连。活动在北满松花江两岸、小兴安岭山麓四十余县的广阔区域。

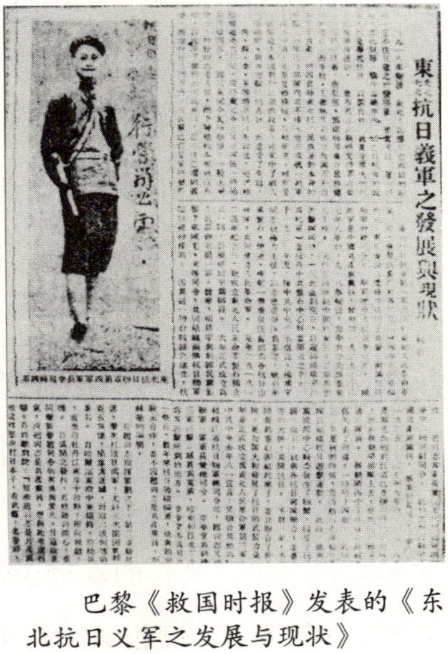
東北抗日義軍之發展與現狀

巴黎《救国时报》发表的《东北抗日义军之发展与现状》

对于抗日联军第 3 军的迅猛发展，中共驻共产国际代表团成员杨松（吴平）在巴黎《救国时报》上发表的署名文章《东北抗日义军之发展与现状》中说道：“在赵尚志指挥下，第三军发展异常迅速。屡次打败日伪军，尤以三次围困宾县城，攻克五常堡，陷落方正城，计取二道河子等战役为著名。自哈尔滨东沿中东铁路，沿松花江两岸，直至沿牡丹江两岸，所向无敌，挡者披靡，日伪闻之发抖，百姓听到开心。百姓听到说‘原来赵尚志是共产党，难怪他这样坚决打日本子，有武艺，名誉好。东三省多出几个共产党就不怕日本子了’。于此可见，东三省老百姓认定赵尚志是个真正抗日的民族英雄，认识了共产党是真正彻底抗日救国的党。”

为提高部队的政治素质和战斗力，军长赵尚志特别强调“人心”问题。他认为只有具备正义之心的人，才能对抗日救国有明确的认识。他要求凡入队参加抗联的人都要接受抗日救国的思想教育，基层连队和各级干部都要担负起教育战士的责任，使之树立正确的抗日第一的思想意识和观念。

东北抗日联军第 3 军还特别注意以各种形式提高部队的士气。在没有军事行动的时候，部队会根据不同的情况，采取纪念会、联欢会等多种形式开展文娱活动。这些活动的开展，极大地活跃了部队的气氛，为更好地开展对敌斗争增添了力量。

抗日联军第 3 军成立后，继续贯彻党的抗日民族统一战线政策，在发展抗日联军第 3 军的同时，还大力帮助其他北满抗联部队壮大实力，并继续坚持联合各种抗日武装实行共同抗日。当时，《新华日报》发表文章说：“反日民族统一战线做得最成功，要算抗日联军了。杨靖宇、赵尚志诸抗日联军领袖是东北反日民族统一战线的发动者。”“他们以御辱团结、共同抗日的真理说服了各部义勇军、山林队、游击队。大家在不互相攻击、互相帮助条件下，结成统一战线。”

七 | 远征黑嫩

面对遍布白山黑水的抗日武装，日伪当局逐渐加大了“讨伐”的力度。在日本关东军司令部制定的1936年秋冬季“讨伐”计划中，确定治安肃正工作的主要地区是伪满洲国东部地区，特别是三江、滨江、安东各省及奉天省东南部。三江和滨江两省是东北抗联第3军活动的主要区域，敌人的冬季“讨伐”正是抗日部队难以隐蔽、活动艰难的季节。在这种困难形势下，打破敌人的围剿是抗日联军及一切反日部队的一项紧迫任务。

1936年9月18日，为研究反对敌人秋冬季“大讨伐”的斗争策略，解决政治路线、组织领导方面面临的问题，在汤原县汤旺河沟里抗联第3军被服厂召开了中共珠河、汤原中心县委和第3、6军党委联席会议。参加这次会议的有：抗联第3军军长赵尚志、珠河中心县委书记包巨魁（张兰生）、珠河中心县委宣传部长冯仲云、共青团珠河县委代理书记朱新阳、汤原中心县委书记白水江、抗联第6军军长夏云杰。列席这次会议的有抗联第3军第1师政治部主任李福林、第3师师长许亨植、第 6 军秘书长黄吟秋。会议经过充分讨论，形成了《中共珠、汤中心县委联席会议关于目前政治形势和党的新策略与任务的决议（草案）》。会议还通过了《中共珠、汤中心县委，三、六军党委联席会议关于组织问题的决议》，组织成立中共北满临时省委。经过会议酝酿和讨论，通过选举产生了中共北满临时省委执行委员会委员、主席，常务委员会委员及书记。赵尚志当选为临时省委执行委员会主席。

抗联部队根据与敌人多年浴血苦战得到的经验和教训，制定了正确的反“讨伐”策略。第 3 军发表的《东北抗日联军第三军为反对秋冬季“讨伐”告一切反日部队及全体战士书》中指出，东北反日游击运

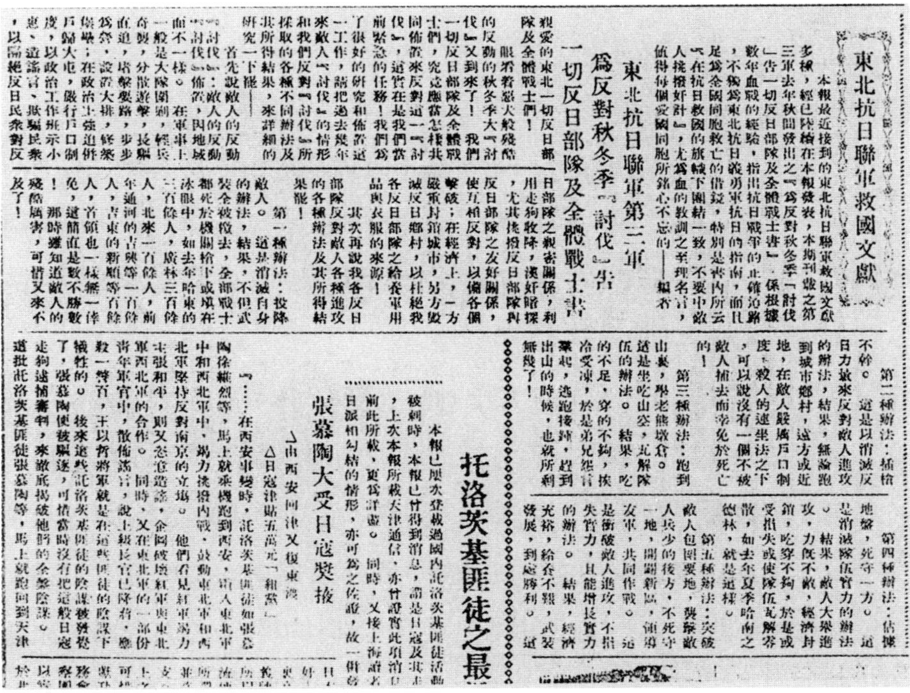

東北抗日聯軍救國文獻

東北抗日聯軍第三軍為反對秋冬季"討伐"告一切反日部隊及全體戰士書

托洛茨基匪徒之最

張慕陶大受日寇獎掖

《救国时报》发表的《东北抗日联军第三军为反对秋冬季“讨伐”告一切反日部队及全体战士书》

动是不平衡的，有的地方有反日部队，有的地方没有，或者少有反日部队的活动。敌人对全盘“讨伐”的布置兵力并不一样，有的地方非常多，有的地方非常少。所以，各反日部队如果能奋勇沉着，在敌人采取各种战术大举进攻中保存实力，突出重围，开辟新区，便一定会取得胜利。反对投降送死，反对插枪不干，反对蹲山挨饿受冻，反对死守一方坐受敌人包围和损失实力，要冲破敌人包围，开辟新的反日阵地，扩大游击区，使全东北没有一地无我抗日救国部队的足迹。

为了粉碎敌人妄图把抗联第 3、6 军消灭在汤原根据地的阴谋，抗联第 3、6 军利用敌人统治的不平衡性，避开敌人的精锐部队，插向敌人防守薄弱地区，开辟新的游击区域。第6军主力向桦川、依兰等地突击；第 3 军第 1、6、9 师主力及第 2、3、5 师各一部向庆城、铁力方向运动，逐步推进至黑龙江、嫩克流域边缘海伦、通北、逊克等地开展游击活动，建立庆铁、通海游击区和根据地。其他部队仍活动在松花江下游地区，伺机分头突击，破坏敌人的“大讨伐”计划。

抗联第3军任命许亨植为哈北司令，带领远征先遣队先行奔赴铁力。

1936 年 10 月初，许亨植率两百余人的远征先遣队从依东地区出发，在通河县境内与第九师会合一同西进。先遣队经东兴，过庆城，于 11 月初到达铁力，并与同年夏从巴彦、木兰来铁力活动的第 6 师会合。当时随先遣队参加远征的还有第 5 军第 1 师、第 4 军第 1 师第 2 团。这两支部队同先遣队一起抵达铁力，相互配合开展活动。远征先遣队出发不久，活动在松花江南岸的第 2、3 师各一部也跨过松花江奔赴铁力。至 11 月，第 3 军第 2、3 师队伍先后挫败敌人的阻截，到达铁力，与先遣队会合。

先期到达铁力的远征部队稍做休整后，以铁力东山里为依托，展开了开辟新游击区的活动。在此期间，许亨植率队在呼兰河上游庆城八道岗、十六道岗与三百多敌人交战，重创日伪军，为开辟新的游击区打开了局面。

11月末，抗联第3军司令部直属部队、政治保安师及第3、5师各一部，混编成五百余人的骑兵部队，以黑嫩流域边缘地带的海伦、通北为目标开始远征。为了迷惑敌人，队伍从汤原老钱柜岭西出发，直奔木兰蒙古山而去。同时故意散播出要攻打呼兰县城的消息，给敌人造成错觉。敌人闻风而动，调集重兵防守巴彦、呼兰一线，企图在此阻截、围歼抗联第3军主力部队。但是他们空欢喜一场，第3军骑兵部队并未钻进敌人的包围圈，直接挥师北上，一路策马扬鞭，翻山越岭，径向铁力而去。

抗联第3军主力部队到达铁力后，与先期到达的远征部队会合，并在很短时间内开辟了铁力、庆城、绥棱等游击区。1937年2月，在留下部分兵力继续扩大庆铁游击区后，赵尚志率军部少年连，政治保安师，第1、5、6师各一部共三百余人的队伍，经庆城、绥棱向海伦、通北等地远征。部队到达海伦、通北地区后，吸引了大批日伪军，敌人企图将第3军主力一举歼灭。在此期间，抗联第3军主力部队与敌人山里山外进行周旋，战斗频繁。为了避免遭受不必要的损失，第3军决定由张光迪率第6师留在海伦、通北坚持斗争，开辟通海游击区；调任蔡近葵为第1师师长，随司令部直属部队继续北进。

征途上，寒风肆虐。西北风夹杂着雪花，带着鸣响吹在指战员们的脸上，如同尖刀割肉一般。不论是战斗，还是休息，基本都是野外露宿，身处冰天雪地中的干部战士有许多被冻伤。因为敌人的严密封锁，部队的给养也发生极大的困难。粮食吃尽，只好宰食瘦弱不堪的战马，但仍有挨饿的时候。远征部队虽然历经万难、饱尝艰辛，但是指战员们的情绪始终十分饱满。特别令人感动的是许多十六七岁的少年队员在艰苦的革命斗争中充满革命乐观主义精神，他们高唱“豪气壮山河，长征乐趣多，红旗映白雪，风云奏凯歌”的歌曲来提振精神、鼓舞斗志。

在赵尚志率主力部队远征期间，抗联第3军其他各部根据预先的军事部署与远征部队遥相呼应，分路出击开展游击活动，拓宽了游击活动区域，取得了很大胜利。

第1师一部在李福林指挥下在方正、依兰、林口一带频繁活动。曾参加与抗联第4、5、8、9军联合作战，于1937年3月20日攻袭依兰县城，极大地扩展了抗日联军的政治影响，显示了抗联各军联合作战的威力。

第4师在郝贵林、金策率领下挺进宝清，远征虎林、抚远，游击勃利、密山。曾与抗联第4军第1师、第6军第3师和第7军并肩战斗，多次与日伪军“讨伐队”交战，摧毁许多反动大排防所，在勃、密、虎、宝地区取得一系列胜利，在反日义勇军中发挥了中心领导作用。

第5师在景永安指挥下，在护送北满临时省委代表朱新阳去苏联至国境线时，于1936年11月30日夜11时，一举攻克了佛山（今嘉荫）县城。战斗中消灭日军十余名，逮捕了伪佛山县县长夏虞卿，击毙了伪警长董宪洲，解除了日伪国境监视队的武装，击毙队副桥本，缴获步枪二十支，轻机枪一挺，无线电台两部，现款万余元，沙金百余两，大批弹药、军需物资，另有一批重要军事地图与日伪秘密文件。第5

攻克佛山县城（今嘉荫县）的东北抗日联军第3军第5师队伍

师攻克佛山县城后，街内张灯结彩，红旗高悬，广大群众热烈欢呼抗日联军攻城胜利。部队召开群众大会，宣传党的抗日救国政策。在抗联部队的感召下，百余名青壮年参加了抗日联军。

日伪当局对抗联部队攻袭佛山县城有比较详细的记载："东北抗日联军第三军赵尚志及其匪团，在三江省萝北乌云一带出没无常，活动频繁，给我在治安肃正工作上造成很大困难。该匪团在赵司令统率下，积极配合他匪，达四百名兵力（骑兵约一百五十名），在袭击萝北县老沟、火烧营各金厂及其他一些部落后，其装备和给养大为加强，兵员亦获得补充。故遂拟北上袭击乌云、佛山县城。但是守城池的仅有日系参事官以下警察五名，满系警务局长以下二十七名，国境监视队日人军官以下三十名，每人只有步枪一支（其中手枪四支），另有猎枪四十支，手枪三支不能用。趁县城兵力不足之际，分兵三路同时向县公署、警察署、国境监视队发起攻击，并首先捣毁无线电台、有线电话，割断县城与外部联络，处于孤立状态。进而解除国境监视队武装。县公署虽有吉村参事官，五十岚指挥官以下十余名警察奋力据墙防战，但终因内无充裕兵力，外无援军而撤出。另佛山驻军二十七团三连一排，由于检本中尉光荣战死，田少尉下落不明而败退。全城就这样于次日下午二时陷落。除吉村参事官、五十岚指导官三名逃出外（参事官因受伤殉职），县长及警务局长被掠走。此际县城变成匪团的乐园，到处悬挂红旗，积极进行煽动，掠夺和赤化宣传。当我六日各地援军和日满讨伐队到来之际，匪团已于五日五时撤走。事后经我调查，此次损失为：战死日人九名，满人三名，计十二名，负伤八名（内重伤日人二，满人三）。掠去人员八名（四名归来），长枪五十支、子弹一千一百五十粒，手枪一支、子弹三十五粒。另坏猎枪四十支，破手枪三支。公用被服

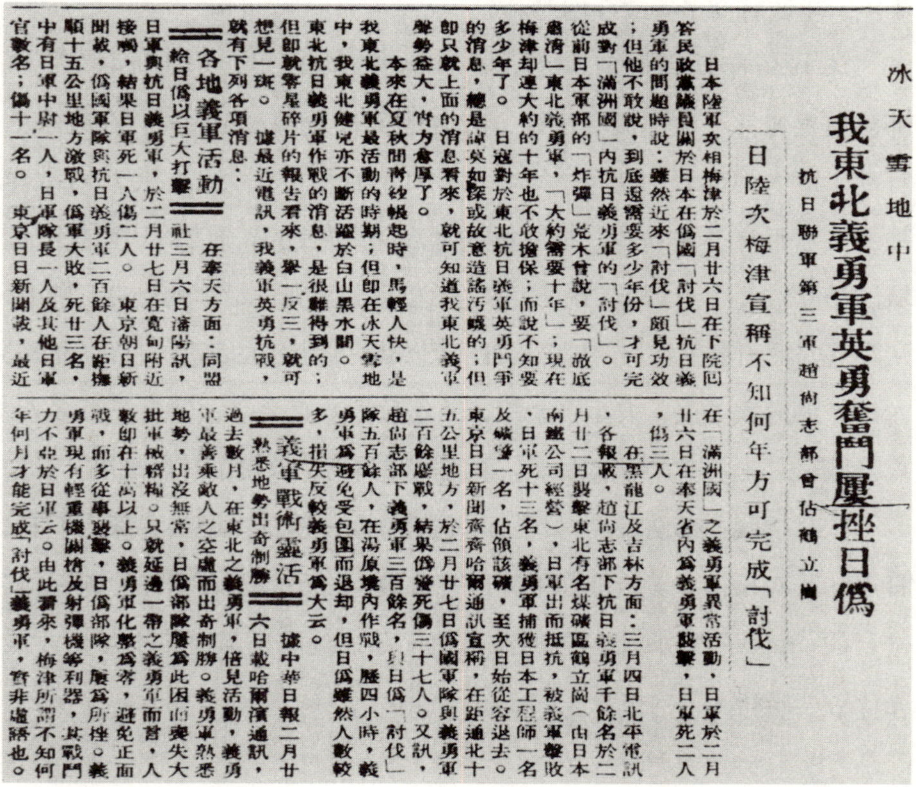
冰天雪地中

我東北義勇軍英勇奮鬥屢挫日偽

抗日聯軍第三軍趙尚志部曾佔鶴立崗

日陸次梅津宣稱不知何年方可完成「討伐」

日本陸軍次相梅津於二月廿六日在下院回答民政黨議員關於日本在偽國「討伐」抗日義勇軍的問題時說：雖然近來「討伐」頗見功效；但他不敢說，到底還需要多少年份，才可完成對「滿洲國」內抗日義勇軍的「討伐」。從前日本軍部的「炸彈」荒木曾說，要「澈底肅清」東北義勇軍，「大約需要十年」；現在梅津却連大約的十年也不敢擔保；而說不知要多少年了。日寇對於東北抗日義軍英勇鬥爭的消息，總是諱莫如深或故意造謠汚蔑的；但即只就上面的消息看來，就可知道我東北義軍聲勢益大，實力愈厚了。

本來在夏秋間青紗帳起時，馬輕人快，是我東北義勇軍最活動的時期；但即在冰天雪地中，我東北健兒亦不斷活躍於白山黑水間。東北抗日義勇軍作戰的消息，是很難得到的；但即就零星碎片的報告看來，舉一反三，就可想見一斑。據最近電訊，我義軍英勇抗戰，就有下列各項消息：

各地義軍活動
給日偽以巨大打擊

在奉天方面：同盟社三月六日瀋陽訊，日軍與抗日義勇軍，於二月廿七日在寬甸附近接觸，結果日軍死一人傷二人。東京朝日新聞載，偽國軍隊與抗日義勇軍二百餘人在距撫順十五公里地方激戰，偽軍大敗，死廿三名，中有日軍中尉一人，日軍隊長一人及其他日軍官數名；傷十一名。東京日日新聞載，最近在「滿洲國」之義勇軍異常活動，日軍於二月廿六日在奉天省內爲義勇軍襲擊，日軍死二人，偽三人。

在黑龍江及吉林方面：三月四日北平電訊，各報載，趙尚志部下抗日義勇軍千餘名於二月廿二日襲擊東北有名煤礦區鶴立崗（由日本南鐵公司經營），日軍出而抵抗，被義軍擊敗，日軍死十三名，義勇軍捕獲日本工程師一名及礦警一名，佔領該礦，至次日始從容退去。東京日日新聞齊齊哈爾通訊宣稱，在距通北十五公里地方，於二月廿七日偽國軍隊與義勇軍二百餘名激戰，結果偽警死傷三十七人。又訊，趙尚志部下義勇軍三百餘名，與日偽「討伐」隊五百餘人，在湯原境內作戰，歷四小時，義勇軍爲避免受包圍而退却，但日偽雖然人數較多，損失反較義勇軍爲大云。

義軍戰術靈活
熟悉地勢出奇制勝

據中華日報二月廿六日哈爾濱通訊，義勇軍最善乘敵人之空虛而出奇制勝。義勇軍熟悉地勢，出沒無常，日偽部隊屢爲此困而喪失大批軍械糧餉。只就延邊一帶之義勇軍而言，人數即在十萬以上。義勇軍化整爲零，避免正面戰，而多從事襲擊，日偽部隊，屢爲所挫。義勇軍現有輕重機關槍及射彈機等利器，其戰鬥力不亞於日軍云。由此看來，梅津所謂不知何年何月才能完成「討伐」義勇軍，實非虛語也。

《救国时报》对反“讨伐”斗争的报道

四百八十九件，警刀二十一把，马九十三匹，现款七万元，烧毁县公署、警察署、义仓、参事官寓所，共值二万六千元。匪方击毙六、伤九，其他不详。”

第6师第54团于巴彦、木兰一带活动，不时攻袭敌人据点，使日伪惊恐不安。

第9师一部积极活动在庆城、铁力、绥棱一带，积极开展毁木营、缴局所的游击活动，破坏了日本侵略者经营的木业，使敌人受到很大损失。此间，该部还取得了庆城十六道岗、绥棱阁山、双泉镇、郝大干屯、于监督窝堡等战斗的胜利。

从1936年秋到1937年春，在半年多的时间里，东北抗联第3军部队向黑龙江、嫩江流域远征，有力地牵制了敌人的兵力，在战略上打乱了敌人的部署，使第3军各部顺利实现了分头突击、主动对敌作战的战略目标。这期间，抗联第3军部队开展的游击活动从松花江流域的汤原、依兰、通河、方正、木兰、巴彦到黑龙江沿岸的逊克、佛山；从小兴安岭山麓的铁力、庆城、绥棱到北黑铁路沿线的海伦、通北、北安、龙门，纵横数千里，大小百余战，杀伤敌人八百余名，俘虏三百多人，攻袭城镇二三十座，缴获大小轻重武器和弹药，取得了辉煌战果。

东北抗联各部队反“讨伐”斗争的胜利，使日本侵略者深感不安。日本陆军次相梅津美治郎在下院回答民政党议员关于日本在“满洲国”进行的“讨伐”抗日军问题时说，他不敢说到底还需要多少年份才能完成对“满洲国”内抗日军的“讨伐”。

八 | 激战冰趟子

1937年2月，抗联第3军远征部队来到海伦境内，敌人派出大批兵力进行跟踪、追击、堵截，妄图把赵尚志率领的部队消灭在海伦东部山区。3月，赵尚志率队伍进入通北县境内，在海伦至通北附近的山区一处叫“冰趟子”的地方，决定伺机设伏，创造条件打击敌人。

北方的三月丝毫没有春天的气息，仍然冰封雪寒。赵尚志率远征部队沿着运木材的山道向通北山里开进，日伪军七百多人的讨伐队尾随其后。当部队行至一处山道狭窄，两侧林木茂密的地方时，赵尚志命令部队沿山路继续前进两三公里，然后分左右两路上山，埋伏在两侧丛林中，等待来敌，约两个小时后，敌人一股百余人的部队沿着抗联部队在雪地上的足迹追踪而来，进入赵尚志设下的伏击圈。战士们居高临下，向敌人发起进攻，子弹像雨点般飞向敌群，打得敌人落荒而逃。此战击毙敌人三十多人，并缴获一些武器弹药。

为了摆脱敌人，赵尚志命令部队迅速前进。但是，没走多远，前面出现了一段狭长的冰面，光滑如镜，几个战士的战马都滑倒了。原来，此处有一眼常年不冻的山泉，冬季泉水从山上流下，结成了一道长长的冰坡，冰上落雪，雪上覆冰，于是光滑无比，人畜踏上无不滑倒摔跤。当地群众称这里为“冰趟子”。

赵尚志仔细观察了周围的环境，这里有几家店铺，过往车马都在此休息。车道北就是那段冰坡，道南是一坐小山，山上长着稠密的杂木丛，是个打伏击的好地方。附近有四座伐木工人住的木营，里面还有用煤油桶做成的火炉。他心头一亮，马上命令战士们用冰雪构筑工事，从山口到谷底布置成一个“口袋阵”，决定在这里伏击敌人。

此时的木营里只有几个伐木工人留守，多数都回家过年。每个木营可容纳两三百人，便于部队宿营。木营外低矮的院墙可以用来做防御工事。赵尚志安排部队在木营住下后，召开了班以上干部会议，他将战斗思路和想法说给大家，极大地激发了与会人员的斗志。随后，部队按照赵尚志的命令，利用有利地形，两天之内筑好阵地，并在阵地前面浇上水，结冻后的冰面可以有效防止敌人行进。此外，他们还在各个阵地之间以及阵地和木营之间用雪垒砌上交通壕，在木营的墙上挖了一排枪眼。

3 月 7 日，日本竹内部队守田大尉率七百多日伪军沿山道向抗联第 3 军驻地方向赶来。面对武器装备精良、人数远远多于我军的敌寇，全体抗联战士毫无畏惧。他们士气高昂，盼望着马上和日军大战一场。此时的敌人尚不知道抗联部队早就设下了埋伏，陆续进入我军的伏击圈。待敌人全部进入口袋阵后，赵尚志一声令下，步枪、机关枪同时开火，敌人猝不及防，抱头逃窜。前面的一支伪军首先被击退，一个伪军中队长当场毙命。接着，后面的两百多名日军向抗联部队占据的木营扑来，

冰趟子战斗场景

但敌人在光滑的冰坡上站立不稳，脚下不听使唤，接连摔倒，很快就乱了阵脚。这时抗联部队的六挺机枪发挥了威力，不可一世的日军被打得人仰马翻、晕头转向，狼狈不堪。

敌人的第一次进攻失败后，后援部队又乘马爬犁赶来，凭借兵力和武器的优势，轮番发起进攻。敌人依仗人多势众，猛烈地向阵地冲击，抗联部队依托木营和院墙顽强抵抗，战斗打得异常激烈。赵尚志另派小股部队到河沟北侧密林中拦腰袭击敌人，以缓解正面压力。因河沟上有冰甸子，敌人不敢贸然进攻。狡猾的敌人开始调整进攻方向，集中火力正面进攻木营。在敌人的猛烈攻击下，左侧的一个木营被二十几个日军占领。在这危急时刻，赵尚志果断命令少年连趁敌人立足未稳夺回木营。接到命令后，少年连代理连长赵有财带领两个班的战士迅速迂回到木营，抢占木营大门，向木营内扫射。敌人也不甘示弱，向少年连猛烈还击。双方胶着了几分钟后，少年连几名战士向木营奋力投掷了几颗手榴弹。霎时，木营内的火炉被炸翻，里面堆积的草被引燃，浓烟呛得日军"嗷嗷"叫，仓皇跑出来的立即被抗联战士击毙或打伤。这样，木营终于被英勇的少年连战士夺了回来。

油画《冰趟子战斗》

入夜，战斗仍在继续。随着气温越来越低，枪被冻得打不响了，战士们的手指也冻得僵直，无法扣动扳机。但是这些困难没有吓倒英勇的抗联战士，大家沿着预先砌好的交通壕轮流到木营烤枪、取暖，然后再去打击敌人。枪声密集，喷出无数条火舌。我军主力部队依托木营和院套顽强阻击敌人，另以小股部队隐蔽在道北河沟，拦腰射击敌人左侧翼。因河沟隔了一大片又光又滑的冰川，敌人不敢前进，只是集中火力攻打木营。但是夜里星光黯淡，敌人只是白白消耗弹药而已，几次进攻均被打退。冻了一天的日军，即便穿着厚厚的棉衣也无济于事，连开枪都困难。到了后半夜，敌人趴在冰面上继续顽抗，随着气温下降，枪油凝固，机枪打了一阵就“哑巴”了。天快亮时，筋疲力尽的敌人已是不堪一击，连滚带爬地向沟口撤去。赵尚志早已料到敌人会趁天黑突围，于是调遣兵力加强了沟口的阻击力量。果然，试图逃跑的敌人又在沟口被出其不意地大量杀伤。无计可施的敌人只好趴在冰面上等待援军。鉴于白天对抗联部队作战不利，赵尚志决定，不与敌人纠缠，尽快撤出战场。于是在小股部队的掩护下，主力部队安全撤离阵地。天亮时分，部队安全撤到山上。

此次战斗持续一个昼夜，日伪军死伤三百多人，其中被击毙者两百余人，击伤、冻伤一百余人。被击毙的日军内有守田大尉，准尉津田庆一，曹长高山五郎、天野松治，伍长三井勇三，通北县警务指导官福田政雄等。同以往历次战斗一样，日伪当局为掩盖事实真相，在报道战况时，谎说抗日军队被“击溃”，“竹内部队灭赵尚志”。而且故意在报道中减少伤亡人数，只说守田战死，十名负伤，冻伤若干。

此次战斗，第 3 军牺牲七人。缴获敌人大批武器弹药及许多敌人运送给养的马爬犁和大量米、肉、服装、军毯等物资。

擊潰趙尙志共匪
守田大尉壯烈戰死

【齊齊哈爾】匪首趙尙志、率領共匪五百餘、因被友軍痛勦之下、乃侵入綏稜、通北兩縣境內、接到警報之竹田部隊守田隊、遂於七日晨、由海北線通北縣北方約十里之氷趟子地點、與趙匪相遇、激戰亘一晝夜、至翌日午前四時、始將匪部全體擊潰、戰鬥結果、隊長守田大尉壯烈戰死、津田准尉以下八名負傷云、

又據、通北縣警務指導官福田政雄巡官、（福島縣出身）七日午後、率領警察官〇〇名、參加友軍作戰、遂受匪彈、壯烈戰死、其他警察官二名負傷並凍傷若干名云、

《盛京时报》关于赵尚志率部在冰趟子战斗中击毙日军队长守田大尉的报道

冰趟子战斗是抗联第 3 军在敌我力量较为悬殊、装备差距较大的情况下，利用地形优势进行的一场以少胜多的伏击战，打击了日本侵略者妄图一举消灭抗联部队的嚣张气焰，提振了抗联部队的战斗士气，鼓舞了抗日军民战胜侵略者的勇气和信心。此

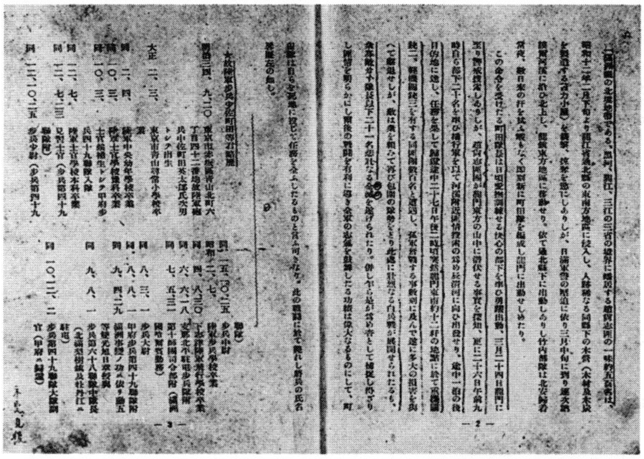

日军文献记载的龙门战斗经过及被击毙少佐町田简介

战充分表现了赵尚志杰出的军事指挥才能。他充分利用天气时令、地形地物，准确把握住天时、地利、人和三个有利条件，以巧妙的伏击战术，战胜了不可一世的日伪军“讨伐队”。这次战斗也成为东北抗联历史上以较小代价赢得重大胜利的一次经典战例。

冰趟子战斗结束后，抗联第 3 军留下一部分队伍跟随第 6 师第 73 团继续在海伦一带活动。赵尚志率领第 1 师和军部少年连共一百五十余人，继续向北远征，向龙门一带挺进。3 月下旬，抗联部队到达龙门炭窑后，赵尚志指挥部队设伏，痛击了尾随而来的日军町田部队。町田少佐等二十一名敌人被当场击毙，抗联部队收获颇丰。1937 年 4 月下旬，抗联第 3 军远征部队在赵尚志的率领下踏上归途。他们穿行在小兴安岭的莽莽林海中，突破敌人的围追堵截，克服重重困难，历时半个多月的艰苦跋涉，胜利返回汤原根据地。

主要参考资料

1.《东北抗日联军史》编写组．东北抗日联军史．北京：中共党史出版社，2015.

2. 赵俊清．赵尚志传．哈尔滨：黑龙江人民出版社，2015.

3. 刘枫，胡凤斌，刘强敏．东北抗联第三军军史．哈尔滨：黑龙江人民出版社，2005.

4. 徐剑影，张德润．宾县志．哈尔滨：黑龙江人民出版社，1991.

5. 北安市地方志办公室．北安县志．哈尔滨：黑龙江人民出版社，1994.